本試験型

別冊1

消防設備士

JN000715

4類 甲種 乙種 問題集

超重要
暗記ポイント

成美堂出版

矢印の方向に引くと、取り外せます

目　次

消防関係法令

基礎的知識

構造・機能等

鑑別等

消防関係法令

▶ 法令用語

●消防法の目的（消防法第1条より）

　火災を予防し、警戒し及び鎮圧し、国民の生命、身体及び財産を火災から保護するとともに、火災又は地震等の災害による被害を軽減するほか、災害等による傷病者の搬送を適切に行い、もって安寧秩序を保持し、社会公共の福祉の増進に資することを目的とする。

●消防法用語

防火対象物	山林又は舟車、船きょ若しくはふ頭に繋留された船舶、建築物その他の工作物若しくはこれらに属する物をいう。
消防対象物	山林又は舟車、船きょ若しくはふ頭に繋留された船舶、建築物その他の工作物又は物件をいう。
特定防火対象物	火災発生時の被害が大きくなる用途として定義されている。消防用設備等の条件が厳しく規定されている。
関係者	防火対象物又は消防対象物の所有者、管理者又は占有者をいう。
消防設備士	消防用設備等の工事、整備を行うための資格である。
防火管理者	関係者で権原を有するものから選任され、防火管理上の業務を行う資格である。
消防設備点検資格者	消防用設備等の点検を行うための資格である。
防火対象物点検資格者	防火対象物点検を行うための資格である。

●関係者と管理者の違い

┌─ 関係者の役割 ─
消防活動の障害除去のための措置
防火対象物の火災予防措置
防火管理者の選解任
防火対象物点検報告
防災管理点検報告
消防用設備等の設置及び維持
消防用設備等の点検報告

┌─ 防火管理者の役割 ─
消防計画の作成
避難訓練の実施
消防用設備等の点検及び整備
火気使用、取り扱い監督
避難、防火上必要な構造及び設備の
　維持管理
収容人員の管理

●自動火災報知設備の設置基準

項	特定防火対象物	防火対象物の種類	延べ面積（以上）〔全体〕	特定1階段 ※1〔全体〕	地階・無窓階（床面積・以上）〔部分〕	3階以上	11階以上	駐車用途	通信機器室	道路用途	指定可燃物
(1)イ	✔	**劇場、映画館、演芸場、観覧場**		全て	300m²	床面積300m²以上のもの	全て	地階又は2階以上で床面積200m²以上のもの	床面積500m²以上のもの	屋上で床面積600m²以上のもの／屋上以外で床面積400m²以上のもの	指定数量の500倍以上の貯蔵又は取り扱うもの
(1)ロ	✔	公会堂、集会場									
(2)イ	✔	**キャバレー、カフェー、ナイトクラブ**等	300m²		100m²						
(2)ロ	✔	遊技場、ダンスホール									
(2)ハ	✔	性風俗関連特殊営業店舗等									
(2)ニ	✔	カラオケボックス等	全て								
(3)イ	✔	待合、料理店等			300m²						
(3)ロ	✔	飲食店	300m²								
(4)	✔	百貨店、マーケット等、展示場									
(5)イ	✔	**旅館、ホテル、宿泊所等**	全て								
(5)ロ		寄宿舎、下宿、共同住宅	500m²								
(6)イ	✔	病院、診療所、助産所（無床診療所、無床助産所を除く）	全て								
(6)イ	✔	無床診療所、無床助産所	300m²								
(6)ロ	✔	老人短期入所施設等	全て								
(6)ハ	✔	老人デイサービスセンター等	全て※5								
(6)ニ	✔	幼稚園、特別支援学校	300m²								
(7)		小学校、中学校、高等学校、大学等	500m²		300m²						
(8)		図書館、博物館、美術館等	500m²								
(9)イ		蒸気浴場、熱気浴場	200m²								
(9)ロ		イ以外の公衆浴場	500m²								
(10)		車両の停車場、船舶・航空機の発着場	500m²								
(11)		神社、寺院、教会等	1000m²								
(12)イ		工場、作業場	500m²								
(12)ロ		**映画スタジオ、テレビスタジオ**	500m²								
(13)イ		自動車車庫、駐車場	500m²								
(13)ロ		飛行機の格納庫等	全て								
(14)		**倉庫**	500m²								
(15)		前各項に該当しない事業場	1000m²								
(16)イ	✔	特定用途を含む複合用途防火対象物	300m²	全て	※4						
(16)ロ		イ以外の複合用途防火対象物	※2								
(16の2)	✔	**地下街**	300m² ※6		300m²						
(16の3)	✔	準地下街	※3								
(17)		重要文化財等	全て								

※1　特定1階段等防火対象物：特定部分が地階又は3階以上にあり、地上に直通する屋内階段が1以下のもの（屋外に避難階段がない場合に限る）。

※2　それぞれの用途ごとに、判定する。

※3　延べ面積500m²以上かつ特定用途部分の床面積合計が300m²以上。

※4　(2)項イからハ又は(3)項に掲げる防火対象物の用途に供される部分の床面積の合計が100m²以上。

※5　利用者を入居させ、又は宿泊させるものでない場合は、300m²以上。

※6　(2)項ニ、(5)項イ、(6)項イ（無床診療所、無床助産所を除く）、(6)項ロ、(6)項ハ（利用者を入居させ、または宿泊させるものに限る）の用に供されるものは全て。

●特定防火対象物一覧

項		種 類
(1)	イ	**劇場、映画館、演芸場、観覧場**
	ロ	公会堂、集会場
(2)	イ	**キャバレー、カフェー、ナイトクラブ**等
	ロ	遊技場、ダンスホール
	ハ	性風俗関連特殊営業店舗等
	ニ	**カラオケボックス**等
(3)	イ	待合、料理店等
	ロ	飲食店
(4)		百貨店、マーケット等、展示場
(5)	イ	**旅館、ホテル、宿泊所**等
(6)	イ	病院、診療所、助産所
	ロ	老人短期入所施設等
	ハ	老人デイサービスセンター等
	ニ	幼稚園、特別支援学校
(9)	イ	蒸気浴場、熱気浴場
(16)	イ	**特定用途を含む複合用途防火対象物**
(16の2)		**地下街**
(16の3)		**準地下街**

▶ 消防設備士

●消防設備士の義務

業務を誠実に遂行する義務	消防設備士は、その業務を**誠実**に行い、工事整備対象設備等の質の向上に努めなければならない。
免状を携帯する義務	消防設備士は、その業務に従事する際、消防設備士免状を**携帯**しなければならない。
着工届出の義務	甲種消防設備士は、工事に着手する**10日前**までに、**着工届**を消防長又は消防署長に届け出なくてはならない。
講習を受講する義務	消防設備士は、都道府県知事が行う講習を受講しなければならない。講習は、免状を交付された日以後における最初の4月1日から**2年以内**、その後は講習を受けた日以後における最初の4月1日から**5年以内**ごとに受ける必要がある。

●消防設備士の免状について

免状の交付	消防設備士試験の合格者に対し、**都道府県知事**が消防設備士の**免状**を交付する。
免状の書換え	免状の記載事項に変更が生じた場合、又は免状に貼られている写真が撮影から **10 年**を経過した場合、免状を交付した**都道府県知事**か、居住地又は勤務地の**都道府県知事**に**書換え**を申請する。
免状の再交付	免状を亡失、破損などした場合は、その免状を交付又は書換えを行った都道府県知事に、免状の**再交付**を**申請**する。亡失によって再交付を受けた後に亡失した免状を見つけた場合は、**10 日以内に見つけた免状**を再交付を受けた都道府県知事に**提出**しなければならない。
免状の返納	都道府県知事は、消防設備士が法令の規定に違反した場合、**免状の返納**を命ずる権利をもつ。
免状の不交付	消防設備士試験に合格した者でも、次のいずれかに該当する場合、都道府県知事より免状が交付されない場合がある。・免状の返納を命じられてから **1 年**を経過していない者。・消防法令に違反して罰金以上の刑に処された者で、執行を終えた日又は執行を受けることがなくなった日から **2 年**を経過していない者。

●着工届と設置届の違い

	届け出を行う者	届け出先	期　　間
着工届	甲種消防設備士	消防長又は消防署長	工事着工 **10 日前**まで
設置届	防火対象物の関係者	消防長又は消防署長	工事完了後 **4 日以内**

●講習サイクル

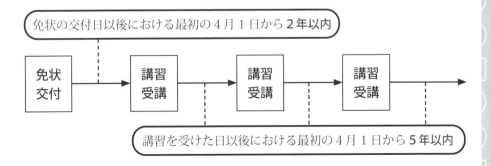

免状の交付日以後における最初の 4 月 1 日から **2 年以内**

免状交付 → 講習受講 → 講習受講 → 講習受講 →

講習を受けた日以後における最初の 4 月 1 日から **5 年以内**

●消防設備士でなければ行ってはならない工事・整備

消防用設備等の種類	消防設備士資格		業務範囲	
			工　事	整　備
特殊消防用設備等	特類	甲	○	○
屋内消火栓設備、屋外消火栓設備、スプリンクラー設備、水噴霧消火設備等	1 類	甲	○	○
		乙	×	○
泡消火設備等	2 類	甲	○	○
		乙	×	○
不活性ガス消火設備、ハロゲン化物消火設備、粉末消火設備等	3 類	甲	○	○
		乙	×	○
自動火災報知設備、ガス漏れ火災警報設備、消防機関へ通報する火災報知設備等	4 類	甲	○	○
		乙	×	○
金属製避難はしご（固定式）、救助袋、緩降機	5 類	甲	○	○
		乙	×	○
消火器	6 類	乙	×	○
漏電火災警報器	7 類	乙	×	○

●防火対象物に対する措置命令

消防長又は消防署長

（消防本部がない市町村の場合は、**市町村の長**）

防火対象物の、**改修・移転・工事**等の**停止・中止命令**

→

関係者

（防火対象物又は消防対象物の**所有者、管理者又は占有者**をいう）

　ただし、消防法以外の法令によって建築や増改築等の許可や認可を受けており、その後、建物に関して大きな変更をしていない建築物等は例外となる。

▶ 消防用設備

● 消防用設備等の種類

消防の用に供する設備	消火設備	**消火器及び簡易消火用具**（水バケツ、乾燥砂等）、屋内消火栓設備、**スプリンクラー設備**、水噴霧消火設備、泡消火設備、不活性ガス消火設備、ハロゲン化物消火設備、粉末消火設備、屋外消火栓設備、動力消防ポンプ設備
	警報設備	**自動火災報知設備**、**ガス漏れ火災警報設備**、漏電火災警報器、消防機関へ通報する火災報知設備、警鐘、携帯用拡声器、手動式サイレンその他の非常警報器具及び非常警報設備（非常ベル、自動式サイレン及び放送設備）
	避難設備	すべり台、**避難はしご**、**救助袋**、緩降機、避難橋その他の避難器具、誘導灯及び誘導標識
消防用水		防火水槽又はこれに代わる貯水池その他の用水
消火活動上必要な施設		**排煙設備**、連結散水設備、連結送水管、非常コンセント設備及び無線通信補助設備
必要とされる防火安全性能を有する消防の用に供する設備等		パッケージ型消火設備、加圧防排煙設備、共同住宅用自動火災報知設備、特定小規模施設用自動火災報知設備等

● 自動火災報知設備の警戒区域の定義

定　義
警戒区域とは、火災の発生した区域をほかの区域と区別して識別することができる最小単位の区域をいう。

原　則	例　外
防火対象物の **2 以上の階**にわたらないこと。	2 の階にわたって警戒区域の面積が **500m² 以下**の場合は、防火対象物の 2 の階にわたることができる。
1 の警戒区域の面積は **600m² 以下**とすること。	主要な出入口から内部を見通すことができる場合は、1 の警戒区域を **1,000m² 以下**とすることができる。
一辺の長さは **50m 以下**とする。	**光電式分離型感知器**を設置する場合は、**100m 以下**にすることができる。

▶ 各設備の設置基準

●煙感知器の設置基準

項	特定防火対象物	防火対象物の種類	地階、無窓階、11階以上	廊下及び通路	階段及び傾斜路／エレベーター／リネンシュート／パイプダクト	個室等カラオケボックス
(1)　イ	✓	**劇場、映画館、演芸場、観覧場**				
(1)　ロ	✓	公会堂、集会場				
(2)　イ	✓	**キャバレー、カフェー、ナイトクラブ**等				
(2)　ロ	✓	遊技場、ダンスホール				
(2)　ハ	✓	性風俗関連特殊営業店舗等	●			
(2)　二	✓	カラオケボックス等				◎
(3)　イ	✓	待合、料理店等				
(3)　ロ	✓	**飲食店**		◎		
(4)	✓	百貨店、マーケット等、展示場			○	
(5)　イ	✓	**旅館、ホテル、宿泊所**等				
(5)　ロ		寄宿舎、下宿、共同住宅				
(6)　イ	✓	病院、診療所、助産所				
(6)　ロ	✓	老人短期入所施設等				
(6)　ハ	✓	老人デイサービスセンター等	●			
(6)　二	✓	幼稚園、特別支援学校				
(7)		小学校、中学校、高等学校、大学等				
(8)		**図書館、博物館、美術館**等				

(9)	イ	蒸気浴場、熱気浴場	●	◎		
	ロ	イ以外の公衆浴場				
(10)		車両の停車場、船舶・航空機の発着場				
(11)		神社、寺院、教会等				
(12)	イ	工場、作業場				
	ロ	映画スタジオ、テレビスタジオ		◎		
(13)	イ	自動車車庫、駐車場				
	ロ	飛行機の格納庫等			○	
(14)		倉庫				
(15)		前各項に該当しない事業場				
(16)	イ	特定用途を含む複合用途防火対象物	●	◎		◎
	ロ	イ以外の複合用途防火対象物	※	※		
(16の2)		地下街	●	◎		◎
(16の3)		準地下街				
(17)		重要文化財等				

○：煙感知器を設置
◎：煙感知器又は熱煙複合式感知器を設置
●：煙感知器、熱煙複合式感知器又は炎感知器を設置
※：それぞれの用途ごとに判断する

●ガス漏れ火災警報設備の設置基準

防火対象物の区分	設置要件
（16 の 2）項	延べ面積 1,000m^2 以上
特定防火対象物の地階	床面積 1,000m^2 以上
（16 の 3）項	延べ面積 1,000m^2 以上
（16）項イの地階	（特定用途部分の床面積 500m^2 以上を含む）
温泉採取設備が設けられているもの	すべて

※温泉採取設備以外では、特定防火対象物の地階部分のみ設置対象となっている。

●消防機関へ通報する火災報知設備の設置基準

消防法施行令別表第一による防火対象物の区分			設置基準	適用除外となる条件
↓電話の設置により適用除外とならないもの				
（6）イ	（1）	特定診療科名を有し、かつ、療養病床または一般病床を有する病院	全部	消防機関が存する建築物内にあるもの
	（2）	特定診療科名を有し、かつ、4 人以上の患者を入院させるための施設を有する診療所		
	（3）	（1）を除く病院 （2）を除く有床診療所・有床助産所		消防機関からの歩行距離が 500m 以下の場所にあるもの
	（4）	無床診療所・無床助産所	500m^2 以上	
（6）ロ		老人短期入所施設等	全部	
（6）ハ		老人デイサービスセンター等	500m^2 以上	
（5）イ		旅館、ホテル、宿泊所等		
↓電話の設置により適用除外となるもの（（6）イ（1）（2）の用途部分を除く）				
（16 の 2）、（16 の 3）… （6）イ（1）（2）の用途部分があるもの			全部	消防機関が存する建築物内にあるもの
（16 の 2）、（16 の 3）… （6）イ（1）（2）の用途部分がないもの				消防機関からの歩行距離が 500m 以下の場所にあるもの
（1）、（2）、（4）、（6）ニ、（12）、（17）			500m^2 以上	
（3）、（5）ロ、（7）～（11）、（13）～（15）			1,000m^2 以上	

※消防機関から著しく離れた場所にあるものは、すべて適用除外となる。

基礎的知識

▶ 電気回路の計算

●単位記号表

名称（記号）	単 位	名称（記号）	単 位
電流（I）	A	誘導リアクタンス	Ω
電圧（V）	V	容量リアクタンス	Ω
抵抗（R）	Ω	インピーダンス	Ω
電力（P）	W	実効値電流	A
時間（t）	秒 [s]、分 [m]、時 [h]	実効値電圧	V
電荷量（q）	C	力率（$\cos\theta$）	—
抵抗率（ρ）	Ω・m	—	—

●電力の求め方

$$P = VI \; [\text{W}]$$
$$P = RI^2 \; [\text{W}]$$
$$P = \frac{V^2}{R} \; [\text{W}]$$

●オームの法則

$$V = RI \; [\text{V}]$$
$$I = \frac{V}{R} \; [\text{A}]$$
$$R = \frac{V}{I} \; [\Omega]$$

●電力量の求め方

電力量 ［W・s］＝電力 ［W］×秒 ［s］
電力量 ［W・m］＝電力 ［W］×分 ［m］
電力量 ［W・h］＝電力 ［W］×時間 ［h］

●合成抵抗の求め方

直列回路

$$R = R_1 + R_2 + R_3 \ [\ \Omega\ ]$$

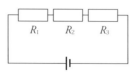

並列回路

$$R = \cfrac{1}{\cfrac{1}{R_1} + \cfrac{1}{R_2} + \cfrac{1}{R_3}} \ [\ \Omega\ ]$$

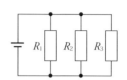

●ブリッジ回路の平衡条件

$$R_1 R_4 = R_2 R_3$$

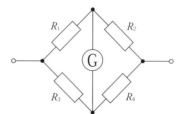

●力率の求め方

$$\cos\theta = \frac{R}{Z}$$

● RLC 回路の合成インピーダンスの求め方

$$Z = \sqrt{R^2 + (X_L - X_C)^2}$$

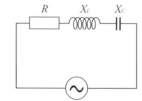

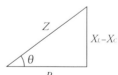

●合成静電容量の求め方

直列回路

$$C = \cfrac{1}{\cfrac{1}{C_1} + \cfrac{1}{C_2} + \cfrac{1}{C_3}} \ [\text{F}]$$

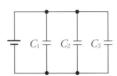

並列回路

$$C = C_1 + C_2 + C_3 \ [\text{F}]$$

●有効電力の求め方

$$P = VI \cos\theta$$

> P：有効電力［W］
> V：実効値電圧［V］
> I：実効値電流［A］
> $\cos\theta$：力率

●抵抗率の違い

［導体（0℃）における抵抗率の低い順（※電気を伝えやすい順）］

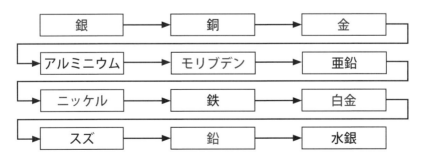

▶ 法則や効果

●法則・効果・理の説明

法　則	
オームの法則	電流は負荷に加えた**電圧**に比例し、**抵抗**に反比例する。
キルヒホッフの第1法則	回路上の1点に流れ込んだ電流の総和と流れ出る電流の総和は**等しい**。
キルヒホッフの第2法則	線形な回路網中の任意の閉回路において、一定の方向にたどった起電力の総和は、電圧降下の総和に**等しく**なる。
鳳テブナンの定理	複雑な回路網をシンプルな回路に等価変換し回路電流等を求める方法。
効果・理	
ヒステリシス効果	磁性体に生ずる磁力は、磁束変化が磁化方向と減磁化方向でその値が**異なる**ことを指す。
ゼーベック効果	2種類の異なる金属を接続した接合部を熱すると**起電力**を生じる。
ホール効果	電流の流れる方向に対して垂直に磁場をかけた場合に電流と磁場それぞれに直交する方向の**起電力**が発生する現象のことをいう。
ファラデー効果	磁場により偏向光の偏向面が**回転**する現象のことをいう。
重ねの理	2つの電源を含む回路の電流は、それぞれの電源による回路の電流を加えたものに**等しい**ことをいう。

●フレミングの左手の法則

　N極とS極の間に導体をおき**電流**を流すと、**磁界**と**電力**によって導体を上方向に押し上げる**電磁力**が働く。

　磁界、電流、電磁力の方向を示すのが、**フレミングの左手の法則**である。

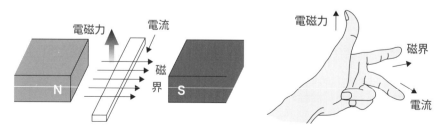

構造・機能等

▶ 指示計器と受信機

●目盛の種類

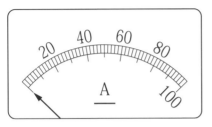

均等目盛

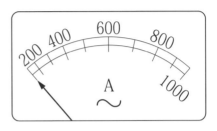

不均等目盛

種　類	特　徴	有効測定範囲	適用計器
均等目盛	零から最大目盛まで**等間隔**に目盛がある。	目盛の全部	可動コイル形、電流力計形（電力計）等
不均等目盛	零付近は密になり、数値が大きくなるにつれて、目盛が**粗**くなる。	定格値からその**25%**まで	可動鉄片形、電流力計形（電圧計・電流計）等
対数目盛	普通目盛の**1/5**まで読み取ることができる。	目盛の全部	絶縁抵抗計（メガー）、オーム計

● P 型受信機と R 型受信機の違い

P 型受信機	R 型受信機
火災信号若しくは**火災表示信号**を共通の信号として又は**設備作動信号**を共通若しくは固有の信号として受信し、火災の発生を防火対象物の関係者に報知するもの。	**火災信号**、**火災表示信号**若しくは**火災情報信号**を固有の信号として又は**設備作動信号**を共通若しくは固有の信号として受信し、火災の発生を防火対象物の関係者に報知するもの。

▶ 熱感知器

●熱感知器の作動原理

熱感知器	差動式	スポット型	—	1種 2種	周囲の温度上昇率が一定の率以上になったとき火災信号を発するもので**一局所**の熱効果により作動するもの。
		分布型	空気管式 熱電対式 熱半導体式	1種 2種 3種	周囲の温度上昇率が一定の率以上になったとき火災信号を発するもので**広範囲**の熱効果の累積により作動するもの。
	定温式	スポット型	—	特種 1種 2種	一局所の周囲の温度が一定の温度以上で火災信号を発するもので外観が**電線状以外**のもの。
		感知線型	—	特種 1種 2種	一局所の周囲の温度が一定の温度以上で火災信号を発するもので外観が**電線状**のもの。
	補償式	スポット型	—	1種 2種	**差動**と**定温**の性能を併せもち1の火災信号を発信するもの。
	熱アナログ式	スポット型	—	—	一局所の周囲の温度が一定の範囲内になったとき火災情報信号を発信するもので外観が**電線状以外**のもの。

※このほかに、熱複合式等がある。

●熱感知器の感知面積

熱感知器 取付面の高さ		差動式スポット型 補償式スポット型		定温式スポット型		
		1種	2種	特種	1種	2種
4m 未満	主要構造部が耐火構造	90m²	70m²	70m²	60m²	20m²
	その他の構造	50m²	40m²	40m²	30m²	15m²
4m 以上 8m 未満	主要構造部が耐火構造	45m²	35m²	35m²	30m²	—
	その他の構造	30m²	25m²	25m²	15m²	—

●熱感知器の設置基準

熱感知器 ／ 取付	差動式スポット型、定温式スポット型、補償式スポット型（熱複合式スポット型含む）	差動式分布型	定温式感知線型
取付位置	感知器の下端が、取付面の下方 0.3m 以内に設置する。	感知器は、取付面の下方 0.3m 以内に設置する。	
感知区域	壁又は 0.4m 以上のはりで区画する。	壁又は 0.6m 以上のはりで区画する。	壁又は 0.4m 以上のはりで区画する。
空気吹出口	空気吹出口から 1.5m 以上離して設置する。	―	空気吹出口から 1.5m 以上離して設置する。
傾斜	45 度以上傾斜させない。	検出部を 5 度以上傾斜させない。	―
周囲温度	定温式スポット型感知器は、公称作動温度より 20℃以上低い場所に設置する。	―	公称作動温度より 20℃以上低い場所に設置する。

▶ 煙感知器

●煙感知器の作動原理

煙感知器	光電式	スポット型	1種 2種 3種	周囲の空気が一定の濃度以上の煙を含むに至ったとき**火災信号**を発信するもので**一局所**の煙による光電素子の受光量変化により作動するもの。
		分離型	1種 2種	周囲の空気が一定の濃度以上の煙を含むに至ったとき**火災信号**を発信するもので**広範囲**の煙の累積による光電素子の受光量変化により作動するもの。
	光電アナログ式	スポット型	1種 2種 3種	周囲の空気が一定の濃度以上の煙を含むに至ったとき**火災情報信号**を発信するもので**一局所**の煙による光電素子の受光量変化により作動するもの。
		分離型	1種 2種	周囲の空気が一定の濃度以上の煙を含むに至ったとき**火災情報信号**を発信するもので**広範囲**の煙の累積による光電素子の受光量変化により作動するもの。

※このほかに、イオン化式等がある。

構造・機能等

●煙感知器の設置基準（光電式分離型感知器を除く）

取付位置	・感知器は、取付面の下方 **0.6m 以内**に設置する。 ・壁又ははりから **0.6m 以上**離れた位置に設置する。 ・天井が低い、部屋が狭い等の場合は、入り口付近に設置する。 ・天井付近に吸気口がある場合は、吸気口付近に設置する。
感知区域	壁又は **0.6m 以上**のはりで区画する。
廊下・通路への設置	歩行距離 **30m**（3 種は **20m**）につき、1 個以上設置する。ただし、階段に接続していない **10m 以下**の廊下や通路、階段までの歩行距離が **10m 以下**の廊下や通路には設置を省略できる。
階段・傾斜路への設置	垂直距離 **15m**（3 種は **10m**）につき、1 個以上設置する。ただし、特定 1 階段等防火対象物の階段・傾斜路では、垂直距離 **7.5m**（3 種は設置不可）につき、1 個以上設置する。
たて穴区画への設置	エレベーター、パイプシャフト等の**たて穴区画**には、その最上部に 1 個以上設置する。
空気吹出口	空気吹出口から **1.5m 以上**離して設置する。
傾斜	**45 度以上**傾斜させない。

●煙感知器スポット型の感知面積

取付面の高さ	1 種	2 種	3 種
4m 未満	150m^2	150m^2	50m^2
4m 以上 15m 未満	75m^2	75m^2	—
15m 以上 20m 未満	75m^2	—	—

●光電式分離型感知器の設置基準

取付	・受光面が日光に当たらないように設置する。 ・送光部と受光部は、背部の壁から**1m以内**の位置に設置する。 ・天井の高さが**15m未満**の場所には1種又は2種を、**15m以上20m未満**の場所は1種のものを用いる。
光軸	・光軸が並行する壁から**0.6m以上**離れた位置に設置する。 ・光軸の高さが、天井等の高さの**80%以上**となるように設置する。 ・光軸の長さが、公称監視距離の範囲内となるよう設置する。 ・壁で区画された区域の各部分から光軸までの水平距離が**7m以下**となるよう設置する。

▶ 炎感知器

●炎感知器の作動原理

炎感知器	紫外線式	スポット型	炎から放射される**紫外線**の変化が一定以上になったときに火災信号を発信するもので紫外線による受光素子の受光量の変化により作動するもの。
	赤外線式	スポット型	炎から放射される**赤外線**の変化が一定以上になったときに火災信号を発信するもので赤外線による受光素子の受光量の変化により作動するもの。

※このほかに、紫外線赤外線併用式等がある。

●炎感知器の設置基準

道路用以外	道路用
• 天井等又は壁に設置する。 • 壁によって区画された区域ごとに、監視空間（床面から高さ1.2mまでの空間）からの距離が公称監視距離内となるよう設置する。 • 日光が当たらない位置に設置する。ただし、遮光板を設けた場合を除く。	• 道路の側壁部又は路端の上方に設置する。 • 道路面からの高さ1.0m以上1.5m以下に設置する。 • 道路からの距離が公称監視距離内となるよう設置する。

●自動火災報知設備受信機の機能比較

機能 ＼ 受信機の種類	R型	P型1級 多回線	P型1級 1回線	P型2級 多回線	P型2級 1回線	P型3級
回線数	無制限	無制限	1回線	最大5回線	1回線	1回線
予備電源	○	○	○	○	△	△
火災灯（赤色）	○	○	△	△	△	△
地区表示装置（灯）	○	○	△	○	△	△
地区音響装置	○	○	○	○	△	△
主音響装置の音圧	85dB	85dB	85dB	85dB	85dB	70dB
火災表示の保持	○	○	○	○	○	△
火災表示試験装置	○	○	○	○	○	○
導通試験装置	○	○	△	×	×	×
電話連絡装置（＋応答回路）	○	○	×	×	×	×

○必要　△省略してもよい　×規格上規定がない

▶ ガス漏れ検知器

●ガス漏れ火災警報設備の警戒区域

原　則	例　外
1つの警戒区域の面積は、**600m²以下**とする。	ガス漏れ表示灯を通路の中央から容易に見通すことができる場合は、**1,000m²以下**でもよい。
2以上の階にわたらない。	合計面積が**500m²以下**の場合は、2つの階にわたってもよい。

●空気に対する比重が 1 未満のガスの場合の、ガス漏れ検知器設置基準

設置基準
・検知器の下端が、天井面等の下方 **0.3m 以内**に設置する。 ・燃焼器又は貫通部（ガス管が貫通している箇所）から、水平距離 **8m 以内**に設置する。 ・天井面等に吸気口がある場合は、燃焼器又は貫通部に最も近い吸気口の付近に設置する。 ・天井面等から **0.6m 以上**突き出したはり等がある場合は、そのはり等より**内側**に設置する。

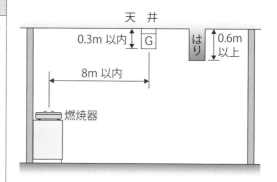

●空気に対する比重が 1 を超えるガスの場合の、ガス漏れ検知器設置基準

設置基準
・検知器の上端が、床面の上方 **0.3m 以内**に設置する。 ・燃焼器又は貫通部（ガス管が貫通している箇所）から、水平距離 **4m 以内**に設置する。

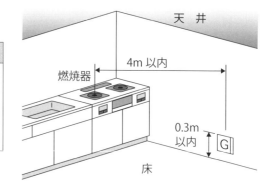

●ガス漏れ検知器が設置できない場所

- 換気口の吹出口から **1.5m** 以内の場所
- 出入口付近で外部の空気が頻繁に流通する場所
- 燃焼器の**廃ガス**に触れやすい場所
- ガス漏れの発生を有効に検知できない場所　など

●ガス漏れ火災警報設備の受信機の設置規定

- 操作スイッチは、床面から **0.8m**（いす等に座って操作する場合は **0.6m**）以上 **1.5m** 以下の位置に設置する。
- 防災センターなどに設置する。
- 検知器又は中継器の作動と連動して検知器の作動した警戒区域を表示できる。
- 貫通部に設ける検知器に係る警戒区域は、ほかの警戒区域と区別して表示できる。
- 主音響装置の音圧・音色は、ほかの**警報音**や**騒音**と明らかに区別して聞き取れる。
- **2台以上**の受信機を設けるときは、受信機のある場所と相互間で同時に通話ができる設備を設ける。

●ガス漏れ火災警報設備の警報装置の設置規定

音声警報装置	・スピーカーは、設置する階の各部分からの水平距離が**25m以下**となるよう設置する。 ・音圧・音色は、ほかの**警報音**や**騒音**と明らかに区別して聞き取れるようにする。 ・**2台以上**の受信機を設けるときは、受信機のあるどの場所からも作動できるようにする。
ガス漏れ表示灯	・前方**3m**離れた地点で点灯していることを明確に識別できるようにする。 ・検知器を設置する部屋が通路に面している場合には、その通路に面する部分の**出入口付近**に設置する。 ・1つの部屋を1警戒区域とする場合、設置を省略できる。
検知区域警報装置	・検知区域警報装置から**1m**離れた位置で、音圧が**70dB以上**である。 ・警報装置付きの検知器を設置する場合、常時、人がいない場所では設置を省略できる。

▶ 試験

●差動式分布型感知器（空気管式）の試験の内容

作動試験	テストポンプによる送気で感知器動作を確認する試験である。
作動継続試験	感知器の作動から**自己復旧**までの時間を計測する。
接点水高試験	ダイヤフラムの**感度**を調べる試験である。
流通試験	空気管のつまりや漏れを調べる試験である。
リーク抵抗試験	**リーク抵抗**が適切な値になっているかを計測する。
燃焼試験	実際に燃料に点火して行う試験である。

●受信機で行う試験の内容

火災表示試験	火災信号受信時に各装置が作動するか確認する。また、**手動**で復旧させるまで、**火災表示**が保持されるか確認する。
回路導通試験	感知器回路が**断線**していないかなど、確認する。
同時作動試験	複数の警戒区域から同時に信号を受信したときに、**火災表示**が行われるか確認する。
予備電源試験	常用電源から予備電源、予備電源から常用電源への切換えが作動するか確認する。また、予備電源が正常であるかを確認する。
共通線試験	共通線が **7 回線**以下であることを確認する。

▶ 耐火配線と耐熱配線

●耐火配線と耐熱配線の施工方法

耐火配線の施工方法
① 600V 2 種ビニル絶縁電線（HIV）相当の電線を使用し、電線を金属管などに入れて、**耐火構造の主要構造部に埋設する**。
② MI ケーブル又は基準に適合する耐火電線を使用した**露出配線**（ケーブル工事）とする。

耐熱配線の施工方法
① 600V 2 種ビニル絶縁電線（HIV）相当の電線を使用し、電線を金属管工事などで施工する。**埋設**は不要である。
② 基準に適合する**耐熱電線**を使用した**露出配線**（ケーブル工事）とする。

▶ 工事・設計等

●金属管工事の注意点

使用する電線	絶縁電線（600V 2 種ビニル絶縁電線、シリコンゴム絶縁電線、ポリエチレン絶縁電線など）
工事方法	**接地工事**。ただし、土壁等に埋め込む場合などは省略できる。
金属管の扱い	・金属管の端口には、**ブッシング**を使用する。 ・金属管の中で電線の**接続線**を設置してはならない。

●電線本数の求め方

表示線	各回線ごとに**1本**
共通線	7 回線ごとに**1本**
電話線	発信機に**1本**（本数は増加しない）
応答線	発信機に**1本**（本数は増加しない）
ベル線	フロア数＋**1本**（区分鳴動の場合）、一斉鳴動の場合は**2本**（本数は増加しない）
表示灯線	表示灯線：**2本**（本数は増加しない）

受信機・感知器等

名称	R型受信機
説明	各感知器から、固有の信号を受信する。

名称	P型1級受信機（多回線）
説明	5回線を超える警戒区域をもつことができる。

名称	P型2級受信機（多回線）
説明	5回線以下の警戒区域をもつことができる。

名称	光電式スポット型感知器
説明	一局所の煙による光電素子の受光量変化により作動する煙感知器。

名称	光電式分離型感知器
説明	広範囲の煙の累積による光電素子の受光量変化により作動する煙感知器。

名称	差動式スポット型感知器
説明	急激な温度上昇と、一局所の熱効果により作動する熱感知器。

名称	熱式スポット型感知器（参考）
説明	サーミスタを用いた熱感知器。差動式と定温式は同形状。

名称	差動式分布型感知器（空気管式）
説明	急激な温度上昇と、広範囲の熱効果の累積により作動する熱感知器。

名称	定温式スポット型感知器
説明	一局所の周囲の温度が一定の温度以上で火災信号を発する熱感知器。

名称	定温式スポット型感知器（防水型）
説明	一局所の周囲の温度が一定の温度以上で火災信号を発する熱感知器の防水タイプ。

名称	紫外線式スポット型感知器
説明	炎の紫外線を感知する炎感知器。

名称	赤外線式スポット型感知器
説明	炎の赤外線を感知する炎感知器。

名称	ガス漏れ検知器
説明	天井や壁に設置するタイプで、空気より軽いガス用、重いガス用がある。

名称	ガス漏れ検知器
説明	天井などに設置するタイプで、空気より軽いガスに用いる。

名称	ガス漏れ中継器
説明	複数のガス漏れ検知器を1回線にまとめるために用いる。

名称	火災通報装置
説明	押しボタンで火災を119番通報する装置。

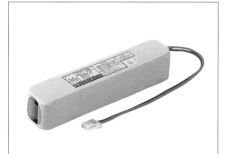

名称	火災報知設備用予備電源
説明	火災報知設備の予備電源。

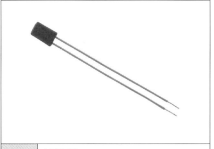

名称	終端器
説明	感知器回路の末端に用いる。

名称	発信機
説明	火災信号を発信する装置。

名称	地区音響装置
説明	火災を知らせる電鈴。

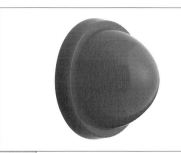

名称	表示灯
説明	発信機の位置を示す装置。

試 験 器

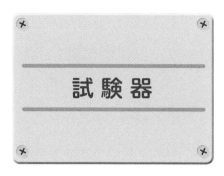

名称	加煙試験器
説明	スポット型の煙感知器の作動試験に用いる。

名称	加熱試験器
説明	スポット型の熱感知器の作動試験に用いる。

名称	煙感知器感度試験器
説明	スポット型の煙感知器の感度試験に用いる。

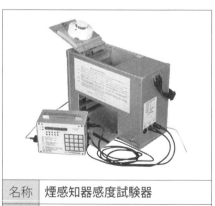

名称	煙感知器感度試験器
説明	スポット型の煙感知器の感度試験に用いる。

名称	炎感知器作動試験器（紫外）
説明	炎感知器の作動試験に用いる。

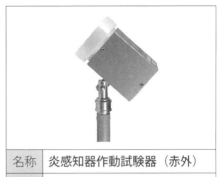

名称	炎感知器作動試験器（赤外）
説明	炎感知器の作動試験に用いる。

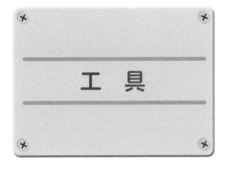

工　具

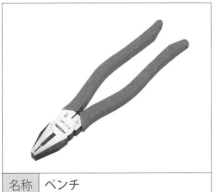

名称	ペンチ
説明	ものを挟む、曲げる、切断する。

名称	ラジオペンチ
説明	電線などを挟む、曲げる、切断する。

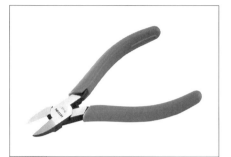

名称	圧着ペンチ
説明	電線を圧着接続する。

名称	ニッパー
説明	電線などを切断する。

名称	パイプカッター
説明	金属電線管を切断する。

名称	パイプベンダー（マキシベンダー）
説明	金属電線管を曲げる。

名称	ワイヤーストリッパー
説明	電線、ケーブルなどの被覆を剥がす。

名称	リーマ（テーパリーマ）
説明	金属管のバリ取りなどに用いる。

配線材料等

名称	リングスリーブ
説明	電線の圧着接続に用いる。

名称	アウトレットボックス
説明	電気機器の取付箇所や電線相互の接続箇所に設置する。

名称	絶縁ブッシング（プラブッシング）
説明	電線管から引き出した電線の被覆を保護する。

名称	サドル（サドルバンド）
説明	電線管を造営材などに固定する。

名称	ノーマルベンド
説明	電線管の屈曲部分に用いる。

測定器等

名称 **接地抵抗計（アーステスター）**	名称 **絶縁抵抗計（メガー）**
説明 接地抵抗を測定するのに用いる。	説明 絶縁抵抗を測定するのに用いる。

名称 **回路計（テスター）**	名称 **騒音計**
説明 回路の電流、電圧、抵抗値などを測定するのに用いる。	説明 音響装置の音圧を測定するのに用いる。

矢印の方向に引くと、取り外せます

本試験型
消防設備士
4類 甲種 乙種 問題集

元消防庁次長・弁護士 **北里敏明** 監修
コンデックス情報研究所 編著

成美堂出版

本書の特長と使い方

◆傾向を見極めた対策が合格への近道

　本書は、自動火災報知設備等の工事・整備等ができる資格、消防設備士試験4類［甲種・乙種］の合格を目的とした予想問題集です。

　消防設備士試験は、毎回、類似問題が多く出題される傾向にあります。本書は、効率よく合格を目指せるよう、実際の試験に多く出題される**出題頻度が高い問題**を中心に、重要な問題を揃えました。

◆本試験型の模擬試験6回分を収録

　本書は、本試験型の模擬試験6回分を収録しています。視覚的にもわかりやすいよう、図表を盛り込んだ**別冊2 正解・解説**を付けています。

　付属の赤シートを使えば、穴埋め問題としても活用できます。

　また、コピーして何度でも使える解答用紙（マーク式の解答カード、甲種・乙種に対応）を、6回分すべての問題に付けていますので、この解答用紙を使い、本番のつもりで実際に問題を解いてみてください。

　さらに、別冊2 正解・解説の巻末には、答え合わせがしやすいように、解答用紙と同形式の正解一覧が付いています。繰り返し問題を解き、わからないところは解説をみて必ず理解しましょう。

◆本番直前にも使える！　別冊1『超重要暗記ポイント』

　本試験対策として、付属の赤シートに対応した『超重要暗記ポイント』を別冊として付けています。特に重要なポイントを記載していますので、取り外して試験会場に持っていき、本番前に見直すことができます。

　受験者のみなさんが自信をもって本試験に臨めるよう、本書をご活用いただければ幸いです。

本書は原則として、2024年8月1日現在の法令等に基づいて編集しています。以降も法令等の改正があると予想されますので、最新の法令等を参照して本書を活用してください。

目　次

1 消防設備士の役割

◆消防設備士とは？

　劇場やデパート、ホテル等の建物には、消防法により目的や規模、階数や収容人員等に応じて、自動火災報知設備やスプリンクラー設備といった、消防用設備等の設置が義務づけられています。それら消防用設備等の工事・整備等を行うために必要な資格が、消防設備士です。

◆消防設備士の意義と魅力

　「消防設備士は、生活のライフラインを支え、人々の命を守る仕事である」そう断言しても、決して過言ではありません。

　消火器や火災報知設備、スプリンクラー設備など火災に備えるものから、救助袋や緩降機など避難の際に用いるものまで、様々な設備の工事や整備を消防設備士は担っているからです。

　身近な場所で火災が生じることは多くありませんし、また、火災は発生してはならないものでもあります。しかし、万が一、火災が発生してしまったときは、火災報知設備が必要な機関や機器へ火災を知らせ、また、近くにいる人は消火器等ですぐに対応しなければなりません。

　もし、これらの設備が正常に作動しなかったらどうなるでしょうか。

　人々は火災が起きたことに気づかず、避難も、消火活動の開始も大幅に遅れてしまいます。

　そのようなことが起こらないように、消防設備士は、日々、自身の役割に向き合っているのです。

　ある消防設備士の方は、

　「今日も何事もなかった。そのことが、嬉しいですね」
と語ります。

　決して目立つ仕事ではないかもしれませんが、消防設備士は、人々の生活、そして、日々の安全を土台から支えている、魅力ある職業なのです。

◆消防設備士の資格の種類

消防設備士には甲種と乙種があり、**甲種消防設備士は消防用設備等の工事・整備・点検、乙種消防設備士は整備・点検**を行うことができます。

また、次の表のように免状の種類によって、工事・整備等ができる設備が異なります。

免状の種類		工事、整備等ができる設備等
甲種	特類	特殊消防用設備等
甲種又は乙種	第1類	屋内消火栓設備、スプリンクラー設備、水噴霧消火設備、屋外消火栓設備等
	第2類	泡消火設備、特定駐車場用泡消火設備等
	第3類	不活性ガス消火設備、ハロゲン化物消火設備、粉末消火設備等
	第4類	**自動火災報知設備、ガス漏れ火災警報設備、消防機関へ通報する火災報知設備等**
	第5類	金属製避難はしご、救助袋、緩降機
乙種	第6類	消火器
	第7類	漏電火災警報器

本書は、自動火災報知設備、ガス漏れ火災警報設備、消防機関へ通報する火災報知設備の工事、整備、点検を行うことのできる、**第4類消防設備士甲種・乙種試験**を対象としています。

2 消防設備士試験の概要

◆試験の実施

消防設備士試験は、**一般財団法人 消防試験研究センター**が実施しています。

受験する際には、最新の情報を一般財団法人 消防試験研究センターで必ず確認しておきましょう。

一般財団法人 消防試験研究センター

〒100-0013　東京都千代田区霞が関1-4-2　大同生命霞が関ビル19階

（TEL）03-3597-0220

（FAX）03-5511-2751

（HPアドレス）https://www.shoubo-shiken.or.jp/

◆受験資格

甲種と乙種とでは、受験資格が異なります。

甲種の受験資格 （甲種特類は除く）

甲種の受験資格には、大きく分けて「1.国家資格や実務経験によるもの」と「2.学歴によるもの」の2種類があります。

※詳細については、一般財団法人 消防試験研究センターへお問い合わせください。

乙種の受験資格

乙種は国籍、年齢、実務経験を問わず、誰でも受験することが可能です。

◆願書・受験案内等の入手

受験案内、受験願書等は、一般財団法人 消防試験研究センターの各支部等及び関係機関の窓口で受験希望者に無料で配布しています。

入手先

各道府県	一般財団法人 消防試験研究センター各道府県支部及び関係機関・各消防本部
東京都	一般財団法人 消防試験研究センター本部・中央試験センター・都内の各消防署

◆試験日程

試験は、現住所・勤務地にかかわらず、希望する都道府県において受験できます。試験日程は都道府県ごとに異なります。

※詳細については、一般財団法人 消防試験研究センターへお問い合わせください。

◆受験の申請

申請方法は、「書面申請」（願書の提出による申請）と「電子申請」（インターネットによる申請）があり、現住所・勤務地にかかわらず希望する都道府県において受験できます。

同一試験日に、書面申請と電子申請で重複して申請すること及び同じ種類の試験を2回以上受験することはできません。また、同一試験日に違う種類の試験を受験することはできません（「複数受験」で認められているものを除く）。

◆資格取得までの流れ

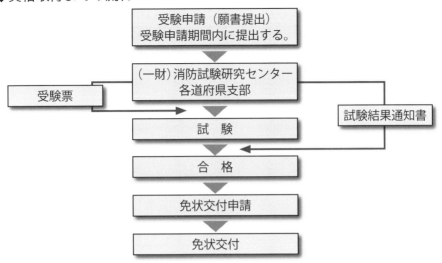

◆試験科目及び問題数

　試験は、マークシートでの筆記試験（四肢択一式）と実技試験（記述式）で行われ、試験時間は**甲種が3時間15分**、**乙種が1時間45分**です。

種類		試験科目		問題数
甲種	筆記	消防関係法令	法令共通	8
			法令類別	7
		基礎的知識	電気に関する部分	10
		消防用設備等の構造、機能及び工事又は整備の方法	電気に関する部分	12
			規格に関する部分	8
	実技	鑑別等		5
		製図		2
乙種	筆記	消防関係法令	法令共通	6
			法令類別	4
		基礎的知識	電気に関する部分	5
		消防用設備等の構造、機能及び整備の方法	電気に関する部分	9
			規格に関する部分	6
	実技	鑑別等		5

◆一部免除について

消防設備士、電気工事士、電気主任技術者、技術士等の資格取得者は、申請により試験科目の一部が免除になります。

※詳細については、一般財団法人 消防試験研究センターへお問い合わせください。
https://www.shoubo-shiken.or.jp/shoubou/annai/subject.html
TEL：03-3597-0220

◆合格基準

甲種・乙種ともに、筆記試験で各科目ごとに 40％以上の正解率、さらに全体出題数では 60％以上であること。かつ、実技試験でも 60％以上の成績を修めると合格となります。試験の一部免除がある場合は、免除を受けた以外の問題で上記の成績を修めれば合格となります。

◆合格発表

合格発表については、受験者に合否結果をハガキで郵送するほか、一般財団法人 消防試験研究センターの支部別にも、合格者の受験番号が公示されます。また、合格者については一般財団法人 消防試験研究センターのホームページでも確認することができます。

◎本書は、原則として、2024 年 8 月 1 日現在の情報に基づき編集しています。

◎試験に関する情報は変わることがありますので、受験する場合には、事前に必ずご自身で、試験実施団体である一般財団法人 消防試験研究センターの発表する最新情報を、ご確認ください。

※本書では、鑑別等の問題作成にあたり、次の会社の方々に製品等の写真をご提供いただきました。ご協力につきまして厚く御礼申し上げます。(敬称略、50 音順)

株式会社アカギ、アサダ株式会社、三和電気計器株式会社、株式会社ニチフ、ニッタン株式会社、パナソニック株式会社、ホーザン株式会社、未来工業株式会社、株式会社 MonotaRO

消防設備士試験の出題ポイントはここだ！

◆試験科目と問題数

第4類消防設備士試験に出題される試験科目、問題数、試験時間は次のようになっています。各科目の出題ポイントを理解し、問題に臨みましょう。

	試験科目		問題数		試験時間
			甲種	乙種	
筆　記	消防関係法令	法令共通	8	6	甲　種 3時間15分 乙　種 1時間45分
		法令類別	7	4	
	機械又は電気に関する基礎的知識	電気に関する部分	10	5	
	消防用設備等の構造、機能及び工事又は整備の方法	電気に関する部分	12	9	
		規格に関する部分	8	6	
	合　計		45	30	
実　技	鑑別等		5	5	
	製　図		2	—	
	合　計		7	5	

◆筆記試験の出題ポイントとその対策

消防関係法令（法令共通）

甲種8問 **乙種6問**

この科目では、主に消防設備士として必要な法令知識が問われます。

出題ポイント

- 消防設備士とはどのようなものか問われる。義務や役割は必ず覚えること。
- 消令別表第1から問われる。防火対象物について知ること。
- 消防設備士と関係者について問われる。両者の関係性を把握すること。

科目対策

消令別表第1を覚えておかないと答えられない問題が出題されますので、必ず覚えましょう。消防設備士については、義務や役割だけでなく、甲種と乙種の違いや、免状の規定をおさえておきましょう。

消防関係法令（法令類別）

| 甲種 7 問 | 乙種 4 問 |

この科目では、第 4 類消防設備士として必要な法令知識が問われます。

出題ポイント

- 火災報知設備について問われる。設置基準を覚えること。
- 感知器について問われる。設置基準を覚えること。
- 警報設備について問われる。設置すべき場所を覚えること。

科目対策

　第 4 類消防設備士が行う、自動火災報知設備、ガス漏れ火災警報設備等の規定を、消令別表第 1 とあわせてしっかり覚えることが大切です。

機械又は電気に関する基礎的知識（電気に関する部分）

| 甲種 10 問 | 乙種 5 問 |

この科目では、電気回路の計算を中心に問われます。

出題ポイント

- 電流と電圧と抵抗について問われる。オームの法則を理解すること。
- 電気と磁界について問われる。フレミングの左手の法則を理解すること。
- 指示電気計器等について問われる。種類や特徴を把握しておくこと。

科目対策

　電流や抵抗の求め方等は、毎回のように問われます。いろいろなパターンの問題に対応できるよう、公式は必ず覚えましょう。

消防用設備等の構造、機能及び工事又は整備の方法（電気に関する部分）

| 甲種 12 問 | 乙種 9 問 |

この科目では、感知方式や試験について、また工事関連を問われます。

出題ポイント

- 感知方式について問われる。名称と内容をあわせて覚えること。
- 受信機等について問われる。各種類の特徴を把握し混同しないよう注意する。
- 工事について問われる。目的と工事方法をあわせて覚えること。

感知方式や各試験等の、名称を覚えることが多い科目ですので、繰り返し問題を解きながら覚えるようにしましょう。工事については、工事を行う理由と工事の施工方法を結びつけて覚えるようにしましょう。

消防用設備等の構造、機能及び工事又は整備の方法（規格に関する部分）　甲種 8 問　乙種 6 問

この科目では、感知器の作動原理や、受信機の規格について問われます。

出題ポイント

• 受信機等について問われる。規格は数値を正確に覚えること。
• 感知器について問われる。作動原理をおさえて理解するとよい。
• 予備電源について問われる。よく出題される規格は把握しておくこと。

科目対策

受信機や発信機などの構造、機能、規格を覚えることが重要です。実際に用いる場面を考えながら、問題を解くようにしましょう。

◆実技試験の出題ポイントとその対策

鑑別等試験　甲種 5 問　乙種 5 問

鑑別等試験は、工具、試験器等の名称や用途を答える問題や、ある条件下における受信機に関する問題等が出題されます。

出題ポイント

• 工具等の名称や用途について問われる。写真をみて特徴をつかんでおくこと。
• 受信機の機能について問われる。P 型 1 級と P 型 2 級等、各機能を比較して覚える。
• 受信機について、試験器と試験内容をあわせて理解すること。
• 感知器について問われる。作動原理や設置基準を把握しておくこと。

科目対策

鑑別等では、工具等の写真が用いられ、用途等を答える問題が出題されます。例えば、圧着ペンチといってもその種類はたくさんありますので、複数のものを確認し、特徴をつかんでおきましょう。

11

製図試験

製図試験は、解答用紙に感知器や配線を記入して設計図を完成させる問題や、設計図上で誤っている箇所を指摘し、正しくなおす問題等が出題されます。

出題ポイント

- 設置する感知器の個数等について問われる。設置基準を理解しておくこと。
- 設計図について問われる。設計図を完成させる問題は、設計図内の数値等を見落とさないようにする。設計図の誤りを指摘する問題では、どのように誤りを書き入れるのかなど、問題文をよく読み、問題にそって解答する。

科目対策

製図は、消防設備士が実際にかかわる平面図や設計図に関する、実践的な問題です。規則等をおさらいしながら多くの問題を解き、いろいろなパターンに慣れておきましょう。設計図に用いる記号には似たものもありますので、記入する際には、はっきりとわかりやすく書きましょう。

●凡例

本書中、法令名は下記の略称を用いています。

消防法……………………………………………………………………消法
消防法施行令……………………………………………………………消令
消防法施行規則…………………………………………………………消則
消防組織法………………………………………………………………消組法
危険物の規制に関する規則……………………………………………危則
危険物の規制に関する政令……………………………………………危令
火災報知設備の感知器及び発信機に係る技術上の規格を定める省令……感知器規格
中継器に係る技術上の規格を定める省令……………………………中継器規格
受信機に係る技術上の規格を定める省令……………………………受信機規格
ガス漏れ検知器並びに液化石油ガスを検知対象とする
ガス漏れ火災警報設備に使用する中継器及び受信機の基準……………ガス漏れ基準
蓄電池設備の基準………………………………………………………蓄電池基準

なお、消防設備士試験の問題においては、「消防組織法」「消防法」「消防法施行令」「消防法施行規則」を総称して「消防法令」という場合があります。また、「火災報知設備の感知器及び発信機に係る技術上の規格を定める省令」「中継器に係る技術上の規格を定める省令」「受信機に係る技術上の規格を定める省令」を総称して「規格省令」という場合があります。

12

第1回

消防設備士試験
4類［甲種・乙種］問題

	試 験 科 目		甲 種	乙 種
筆 記	消防関係法令	法令共通	8問	6問
		法令類別	7問	4問
	基礎的知識	機械又は電気	10問	5問
	構造・機能等	機械又は電気	12問	9問
		規 格	8問	6問
	合 計		45問	30問
実 技	鑑別等		5問	5問
	製 図		2問	——
	合 計		7問	5問

［解答時間］
　　甲種　3時間15分
　　乙種　1時間45分（乙種マークのみ）

■第1回消防設備士試験の甲種問7、問13〜問15、問21〜問25、
　問44〜問45は、乙種にも出題される可能性がある参考問題です。
　乙種受験の方も練習問題として解いてみてください。

※筆記の解答は、次ページ（14ページ）にある解答カード（解答用紙）に
　記入しましょう。解答カードはコピーして利用しましょう。
※実技は、問題用紙に解答欄がありますので、直接記入するか、別紙に書き
　出して利用しましょう。

◆ 解答用紙は 141％に拡大コピーしてお使いください。

第1回　甲種 [筆記]　解答カード

正解一覧
別冊2 P.155

設
解答カード
甲
四・五

試　験　日
月　　　日

| 受　験　地 |

| 氏　　　名 |

試験種類	受験番号
第4類
第5類	

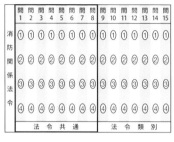

消防関係法令

| | 問1 | 問2 | 問3 | 問4 | 問5 | 問6 | 問7 | 問8 | 問9 | 問10 | 問11 | 問12 | 問13 | 問14 | 問15 |
法令共通　　　法令類別

基礎的知識

| 問16 | 問17 | 問18 | 問19 | 問20 | 問21 | 問22 | 問23 | 問24 | 問25 |
機械又は電気

構造機能等

| 問26 | 問27 | 問28 | 問29 | 問30 | 問31 | 問32 | 問33 | 問34 | 問35 | 問36 | 問37 | 問38 | 問39 | 問40 | 問41 | 問42 | 問43 | 問44 | 問45 |
機械又は電気　　　規格

甲種 [筆記] 合格基準

試験科目	正解数	合格基準
消防関係法令	問	6問/15問
基礎的知識	問	4問/10問
構造・機能等	問	8問/20問
合　計	問	27問/45問

※筆記試験は、各試験科目において40％以上、全体の出題数の60％以上が合格基準となります。

第1回　乙種 [筆記]　解答カード

正解一覧
別冊2 P.155

設
解答カード
乙
四・五・六・七

試　験　日
月　　　日

| 受　験　地 |

| 氏　　　名 |

試験種類	受験番号
第4類
第5類
第6類
第7類	

消防関係法令

| 問1 | 問2 | 問3 | 問4 | 問5 | 問6 | 問7 | 問8 | 問9 | 問10 |
法令共通　　法令類別

基礎的知識

| 問11 | 問12 | 問13 | 問14 | 問15 |
機械又は電気

構造機能等

| 問16 | 問17 | 問18 | 問19 | 問20 | 問21 | 問22 | 問23 | 問24 | 問25 | 問26 | 問27 | 問28 | 問29 | 問30 |
機械又は電気　　　規格

乙種 [筆記] 合格基準

試験科目	正解数	合格基準
消防関係法令	問	4問/10問
基礎的知識	問	2問/5問
構造・機能等	問	6問/15問
合　計	問	18問/30問

※筆記試験は、各試験科目において40％以上、全体の出題数の60％以上が合格基準となります。

消防関係法令（法令共通）

甲種8問
乙種6問

甲種 問1　乙種 問1

特定防火対象物に該当するものは、次のうちどれか。

1　高層マンション
2　テレビスタジオと事務所の複合用途
3　準地下街
4　重要文化財

甲種 問2　乙種 問2

無窓階について、消防法令上、正しいものは次のうちどれか。

1　外壁に窓がない階
2　消火活動上有効な開口部が基準に達しない階
3　避難上有効な開口部が基準に達しない階
4　避難上又は消火活動上有効な開口部を有しない階

甲種 問3　乙種 問3

消防用設備等について、消防法令上、正しいものは次のうちどれか。

1　政令で定める防火対象物の関係者は、政令で定める基準により消防用設備等を設置し維持しなければならない。
2　戸建て一般住宅も、一定の規模を超えれば消防用設備等の設置対象となる。
3　消防用設備等とは、消防の用に供する設備と消火活動上必要な施設である。
4　消防用設備等の設置が義務となる防火対象物は、特定用途防火対象物のみである。

甲種 問4　**乙種 問4**

消防法令上、「消火活動上必要な施設」に含まれないものは、次のうちどれか。

1　無線通信補助設備
2　排煙設備
3　動力消防ポンプ
4　連結送水管

甲種 問5　**乙種 問5**

消防用設備等の技術上の基準に関する政令が改正され、改正後の規定に適合しない場合でも従前の規定を適用してよいものは、次のうちどれか。
ただし、用途・規模の変更はないものとする。

1　小学校に設置されている消火器
2　倉庫に設置されている屋内消火栓設備
3　幼稚園に設置されている自動火災報知設備
4　事務所に設置されている避難器具

甲種 問6　**乙種 問6**

消防用設備等を設置した場合、必ず消防機関の検査を受けなければならない防火対象物は、次のうちどれか。
ただし、一階段等防火対象物には該当しないものとする。

1　延べ面積 200 m² の特別養護老人ホーム
2　延べ面積 250 m² の幼稚園
3　延べ面積 500 m² の美術館
4　延べ面積 1,000 m² の小学校

甲種 問7

　消防用設備等の定期点検を必ず資格者（消防設備士・消防設備士点検資格者）に行わせなければならないものは、次のうちどれか。
　ただし、一階段等防火対象物には該当しないものとする。

1　延べ面積 200 m² のホテル
2　延べ面積 300 m² のデパート
3　延べ面積 1,000 m² の映画館
4　延べ面積 2,000 m² の倉庫

甲種 問8

　消防用機械器具等の検定制度について、誤っているものは次のうちどれか。

1　型式承認は総務大臣が行う。
2　型式適合検定は総務大臣が行う。
3　型式適合検定に合格したものは検定合格の表示をする。
4　検定合格の表示のないものは工事に使用してはならない。

消防関係法令（法令類別）

甲種 問 9 乙種 問 7

面積及び階の規模により自動火災報知設備の設置が必要となる防火対象物は、次のうちどれか。

ただし、特定一階段等防火対象物には該当しないものとする。

1 カラオケボックス
2 ホテル
3 展示場
4 飛行機の格納庫

甲種 問 10 乙種 問 8

事務所（消防法施行令別表第 1 （15）項）に該当する防火対象物で、自動火災報知設備の設置が必要な部分はどれか。

ただし、いずれの階も無窓階に該当しないものとする。

1 全階に必要
2 避難階（1F）のみ必要
3 最上階（3F）のみ必要
4 全階に不要

3F	300 m²
2F	300 m²
1F	350 m²

事務所

甲種 問 11 乙種 問 9

階段の警戒区域設定について、誤っているものは次のうちどれか。

1 平面部分の警戒区域と別の警戒区域とする。
2 水平距離 60 m以下の範囲にある階段は、同一の警戒区域とすることができる。
3 階段は、垂直距離 45 m以下ごとに別の警戒区域とする。
4 地下部分が 2 階以上の場合は、地上部分と別の警戒区域とする。

18

甲種 問 12　乙種 問 10

消防法施行令別表第 1 の防火対象物で自動火災報知設備を設置しなければならないものは、次のうちどれか。

ただし、特定一階段等防火対象物には該当しないものとする。

1　地階、無窓階又は 3 階以上の階で、床面積が 200 ㎡ 以上の階
2　通信機器室で床面積が 200 ㎡
3　11 階以上
4　地階で駐車の用に供する部分の床面積が 100 ㎡

甲種 問 13

閉鎖型スプリンクラーヘッドを用いるスプリンクラー設備を設置し、その有効範囲内の部分で自動火災報知設備を省略できるのは、次のうちどれか。

ただし、地階、無窓階、11 階以上には該当しないものとする。

1　事務所の廊下部分
2　ホテル
3　病院
4　事務所の事務室部分

甲種 問 14

ガス漏れ火災警報設備の警戒区域について、消防法令上、誤っているものは次のうちどれか。

1　警戒区域の面積は 500 ㎡ 以下とする。
2　ガス漏れ表示灯を通路中央から容易に見通すことができる場合、警戒区域の面積は 1,000 ㎡ 以下とする。
3　防火対象物の 2 以上の階にわたらないものとする。
4　2 の階の警戒区域の合計が 500 ㎡ 以下ならば同一警戒とすることができる。

消防機関へ常時通報することができる電話を設置しても、消防機関へ通報する火災報知設備を省略できない防火対象物は、次のうちどれか。

1 延べ面積 300 m² の旅館
2 延べ面積 300 m² の病院
3 延べ面積 500 m² のキャバレー
4 延べ面積 1,000 m² の工場

機械又は電気に関する基礎的知識
（電気に関する部分）

甲種 10 問
乙種 5 問

甲種 問 16　乙種 問 11

図の回路において、端子A－B間の合成抵抗は、C－D間の合成抵抗の何倍になるか。

1　0.2 倍
2　0.6 倍
3　1.8 倍
4　5.0 倍

甲種 問 17　乙種 問 12

図の回路において、端子A－B間の合成抵抗として正しいものはどれか。

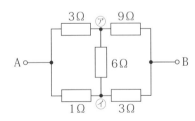

1　3 Ω
2　4 Ω
3　8 Ω
4　9 Ω

▶▶ 正解・解説　別冊2 P.8〜P.11

図の回路の電池が起電力 6 V の時、コンデンサに蓄えられる電気量として正しいものは次のうちどれか。

1 1.0 μF
2 1.5 μF
3 2.0 μF
4 2.5 μF

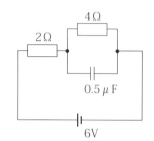

指示電気計器の目盛り板に記載されている記号と計器形名の組合せとして、誤っているものは次のうちどれか。

1 可動鉄片形 　　2 可動コイル形

3 整流形　　　　　　　　　　4 誘導形

図の RL 直列回路の電源に直流 60 V を接続すると電流 20 A が流れた。電源に交流 80 V を接続した場合の電流として、正しいものは次のうちどれか。

1 12 A
2 16 A
3 24 A
4 32 A

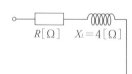

甲種 問21

図の交流回路において、力率の値が正しいものはどれか。

1 0.2
2 0.4
3 0.6
4 0.8

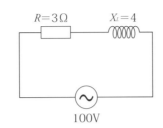

$R=3\Omega$　　　$X_L=4$

100V

甲種 問22

変圧器の一次巻数が500、二次巻数が1,000の場合、二次側端子に100 V取り出すために一次側端子に必要な電圧は、次のうちどれか。

1 　10 V
2 　50 V
3 100 V
4 200 V

甲種 問23

5 Ωの抵抗に5 Aの電流を1分間流し続けた場合の熱エネルギーは、次のうちどれか。

1 1,250 J
2 2,500 J
3 5,000 J
4 7,500 J

　6極の三相誘導電動機を周波数50 Hzの電源に接続した場合の1分間回転数として、正しいものは次のうちどれか。

1　　500回転
2　1,000回転
3　1,500回転
4　3,000回転

　三相誘導電動機の回転方向が左端の電動機と同じ方向（時計廻り）に回転する接続は、次のうちどれか。

1　あ
2　い
3　う
4　え

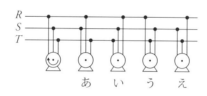

甲種 問 26 乙種 問 16

定温式スポット型感知器設置の留意事項として、誤っているものは次のうちどれか。

1 感知器は、45°以上傾斜させない。
2 感知器のリード線と配線の接続は、圧着又はろう付けで確実に結線する。
3 感知器は、正常時における最高周囲温度が感知器の公称作動温度より10℃以上低い場所に設ける。
4 感知器は、感知区域毎に偏在しないよう設ける。

甲種 問 27 乙種 問 17

煙感知器の構造及び設置基準として、誤っているものは次のうちどれか。

1 イオン化スポット型感知器は、煙が入るとイオン室にかかっている電圧が増加し、設定値を超えると受信機に発信する。
2 イオン化スポット型の感知器は放射性物質が使用されている。
3 光電式スポット型感知器は、内部に入った煙による光電素子の入射光量の変化により受信機に発信する。
4 光電式分離型感知器の光軸高さは、天井等の高さの70％以上となるように設ける。

甲種 問 28 乙種 問 18

炎感知器が適応する設置場所として、適切なものは次のうちどれか。

1 水蒸気が多量に滞留する蒸気洗浄室
2 著しく高温となるボイラー室
3 排気ガスが多量に滞留する駐車場
4 腐食性ガスが発生するおそれのあるバッテリー室

定温式スポット型感知器 1 種の設置場所として、最も不適当なものは次のうちどれか。

1　厨房
2　乾燥室
3　駐車場
4　湯沸室

P 型 1 級発信機の取付要領について、正しいものは次のうちどれか。

1　GR 型受信機に接続した。
2　床面からの高さ 1.8 m に設けた。
3　各階ごとに、その階の各部分から一の発信機までの水平距離が 50 m 以下となるように設けた。
4　直近に燐光等により光を発する標識を設け、表示灯を省略した。

自動火災報知設備の配線の基準として、誤っているものは次のうちどれか。

1　P 型受信機に接続する感知器回路の配線は送り配線とする。
2　P 型受信機の感知器回路の共通線は、1 本につき 7 警戒区域以下とする。
3　GP 型受信機の感知器回路の電路抵抗は、50 Ω以下とする。
4　自動火災報知設備に用いる配線は、他用途の電線であっても 100 V 以下の弱電流回路に使用するものであれば、同一の電線管の中に設けることができる。

甲種 問32　乙種 問22

耐火保護配線の工事方法として、誤っているものは次のうちどれか。

1　600 V 2 種ビニル絶縁電線を金属管に収め、耐火構造の壁に埋設した。
2　CD ケーブルを金属ダクト工事により施工した。
3　架橋ポリエチレン絶縁ビニルシースケーブルを合成樹脂管に収め、耐火構造で造った壁に埋設した。
4　MI ケーブルを露出配線により施工した。

甲種 問33　乙種 問23

自動火災報知設備の受信機を屋内消火栓の起動装置と兼用する場合の表示灯回路の工事方法及び電線の種類について、誤っているものは次のうちどれか。

1　600V 2 種ビニル絶縁電線を使用し、可とう電線管工事により施工した。
2　消防庁告示に定める耐熱電線を使用し、金属ダクト工事により施工した。
3　VV ケーブルを使用し、合成樹脂線ぴ工事により施工した。
4　HIV 電線を使用し、金属管工事により施工した。

甲種 問34　乙種 問24

自動火災報知設備の非常電源に蓄電池設備を用いた場合、誤っているものは次のうちどれか。

1　非常電源の容量が十分ある場合、予備電源の設置を省略することができる。
2　蓄電池設備の容量は、自動火災報知設備を有効に 10 分間作動できる容量以上であること。
3　常用電源が停電後に復旧したときは、自動的に非常電源から常用電源に切り替えられること。
4　他の消防用設備等と共用する場合、他の設備の電気回路の開閉器により遮断されないものであること。

甲種 問 35

接地工事を行う主な目的として、正しいものは次のうちどれか。

1 電気工作物の保護と過負荷防止
2 電気工作物の保護と力率の改善
3 電気工作物の保護と漏電による感電防止
4 電気工作物の保護と電圧降下

甲種 問 36

P型1級受信機の各リレー、音響装置、火災灯、地区表示灯の作動並びに保持機能を確認するための試験は、次のうちどれか。

1 火災表示試験
2 予備電源試験
3 回線導通試験
4 絶縁抵抗試験

甲種 問 37

差動式分布型感知器（空気管式）の機能試験で、流通試験により確認できるのは次のうちどれか。

1 作動継続時間が適正であるかの確認
2 接点水高値
3 空気管の空気漏れやつぶれ
4 検出器内のリーク抵抗値

消防用設備等の構造、機能及び工事又は整備の方法
（規格に関する部分）

甲種 8 問
乙種 6 問

第1回

［筆記］

甲種 問 38　乙種 問 25

受信機に設ける火災表示及びガス漏れ表示について、規格省令に定められていないものは次のうちどれか。

1　P型1級受信機は火災信号の受信で、赤色の火災灯を点灯しなければならない。
2　GR型受信機はガス漏れ信号の受信で、黄色のガス漏れ灯を点灯しなければならない。
3　GR型受信機の地区表示装置は、火災の発生した警戒区域とガス漏れの発生した警戒区域とを識別できるように表示しなければならない。
4　P型3級受信機が火災信号を受信したときの火災表示は、手動で復旧しない限り表示状態を保持しなければならない。

甲種 問 39　乙種 問 26

自動火災報知設備の地区音響装置で音声警報の場合、規格省令上、誤っているものは次のうちどれか。

1　感知器からの火災信号を受信したとき、自動的に感知器作動警報を発すること。
2　火災の発生を確認した旨の信号を受信することができるものにあっては、当該信号を受信したとき自動的に火災警報を発すること。
3　火災情報信号のうち火災表示をする程度に達した旨の信号を受信したとき、自動的に感知器作動警報又は火災情報を発すること。
4　感知器作動警報の作動中に火災信号、火災表示信号若しくは火災情報信号のうち火災表示をする程度に達した旨の信号を受信した後一定時間が経過したとき、自動的に火災警報を発すること。

▶▶ 正解・解説　別冊2 P.17〜P.18

甲種 問40 **乙種 問27**

　差動式スポット型感知器のリーク孔が、ほこり等によりつまったときの作動状況として、最も適切なものは次のうちどれか。

1　周囲温度の上昇率が規定値に達しなくとも作動する。
2　周囲温度の上昇率が規定値より大きくならないと作動しない。
3　周囲温度に関係なく作動する。
4　周囲温度に関係なく作動しない。

甲種 問41 **乙種 問28**

　差動式分布型感知器（空気管式）の空気管が切断した場合の作動として、最も適当なものは次のうちどれか。

1　受信機の電源電圧計が0を指す。
2　主音響警報装置が鳴動する。
3　受信機は通常の警戒状態を維持する。
4　消火設備が作動する。

甲種 問42 **乙種 問29**

　光電式スポット型感知器の作動原理の説明として、正しいものは次のうちどれか。

1　周囲の空気が一定の濃度以上の煙を含むに至ったときに火災信号を発信するもので、一局所の煙による光電素子の受光量の変化により作動するものをいう。

2　周囲の空気が一定の濃度以上の煙を含むに至ったときに火災信号を発信するもので、広範囲の煙の累積による光電素子の受光量の変化により作動するものをいう。

3　周囲の空気が一定の範囲内の濃度の煙を含んだとき、当該濃度に対応する火災情報信号を発信するもので、一局所の煙による光電素子の受光量の変化を利用するものをいう。

4　周囲の空気が一定の範囲内の濃度の煙を含んだとき、当該濃度に対応する火災情報信号を発信するもので、一局所の煙によるイオン電流の変化を利用するものをいう。

甲種 問43 **乙種 問30**

　P型1級発信機とP型2級発信機の構造及び機能で、共通しない規格省令上の基準は次のうちどれか。

1　外箱の色は、赤色であること。

2　押しボタンスイッチは、保護板を破壊し、又は押し外すことにより、容易に押すことができること。

3　火災信号を受信機に発信したとき、受信機がその信号を受信したことを確認できる装置を有すること。

4　押しボタンスイッチを押した後、スイッチが自動的に元の位置にもどらない構造の発信機にあっては、そのスイッチを元の位置にもどす操作を忘れないための措置を講ずること。

甲種 問 44

地区音響装置の音声切替装置の機能のうち、音声による警報について、消防庁告示上、誤っているものは次のうちどれか。

1 感知器作動警報は、第 1 警報音・音声・1 秒間の無音状態の順に連続するものを反復する構成としなければならない。
2 感知器作動警報に係る音声は、女声によるものとし、自動火災報知設備の感知器が作動した旨の情報又はこれに関連する内容を周知する。
3 火災警報は、第 2 警報音・音声・1 秒間の無音状態の順に連続するものを反復する構成としなければならない。
4 火災警報に係る音声は、男声によるものとし、火災が発生した旨の情報又はこれに関連する内容を周知する。

甲種 問 45

G 型受信機について、規格省令上、誤っているものは次のうちどれか。

1 ガス漏れ表示の作動を容易に確認することができる装置による試験機能を有し、この装置の操作中に他の回路からのガス漏れ信号を受信したときもガス漏れ表示することができる。
2 2 回線からガス漏れ信号を同時に受信したとき、ガス漏れを表示することができる。
3 ガス漏れ信号の受信開始からガス漏れ表示までの所要時間は 60 秒以内とする。
4 ガス漏れ信号を受信したとき、赤色のガス漏れ灯及び主音響装置によりガス漏れの発生を、地区表示装置により当該ガス漏れの発生した警戒区域をそれぞれ自動的に表示する。

鑑別等試験

甲種 問1　乙種 問1

下の写真をみて、次の設問に答えなさい。

A

B

1　A、Bの計測器の名称を答えなさい。
2　A、Bは、主に何の測定に使用するか答えなさい。

解答欄

	A	B
名称		
用途		

▶▶ 正解・解説　別冊2 P.19 ～ P.20　33

下の写真は、感知器の点検に用いる試験器である。次の設問に答えなさい。

A

B

C

1　それぞれの試験器の名称を答えなさい。
2　それぞれの試験器で点検を行う感知器を答えなさい。
3　それぞれの試験器の校正期間を答えなさい。

解答欄

	名称	対象感知器	校正期間
A			
B			
C			

甲種 問3　乙種 問3

　次の図に示すP型1級受信機のスイッチ注意灯が点滅している。原因として不適当なものをすべて選び、記号を答えなさい。

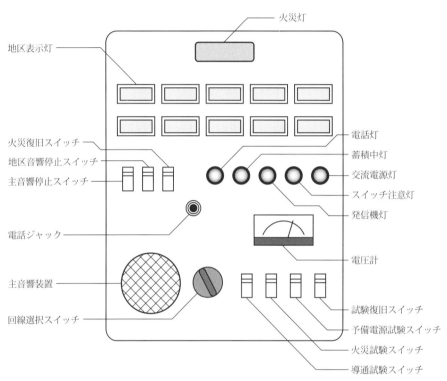

ア　地区音響装置が停止状態である。
イ　予備電池が接続されていない。
ウ　試験復旧スイッチが復旧状態である。
エ　感知器回路が断線している。
オ　火災試験スイッチが定位にない。

解答欄

記号	

▶▶ 正解・解説　別冊2 P.20〜P.21　35

下の写真をみて、次の設問に答えなさい。

1　P型1級とP型2級の構造・機能の違いを2つ答えなさい。

解答欄

甲種 問5 **乙種 問5**

次の図は、消防機関へ通報するシステムの接続例である。次の設問に答えなさい。

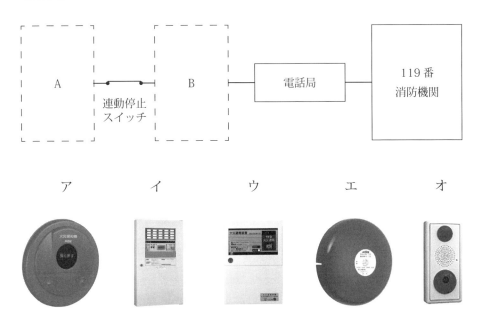

1 A及びBに当てはまる機器を写真から選び記号で答えなさい。

解答欄

A		B	

▶▶ 正解・解説　別冊2 P.21　37

甲種 問 1

　次頁の図は、消令別表第 1（15）項に該当する地上 5 階建ての防火対象物の 2 階平面図である。条件に基づき、自動火災報知設備の設備図を、凡例記号を用いて完成させなさい。

条件

1. 主要構造部は耐火構造であり、この階は無窓階に該当する。
2. 天井の高さは、3.2 m である。
3. 事務所内のはりは、0.5 m 突き出している。
4. 終端抵抗器は、機器収容箱内に設置する。
5. 感知器の設置は、必要最少個数とする。
6. 煙感知器は、これを設けなければならない場所以外は、設置しないものとする。
7. エレベーターシャフトは、別の階で警戒している。
8. 階段は、頂部に煙感知器を設置するとともに 2 階にも設置する。

凡　　　例		
記　　号	名　　　称	備　　考
⬜	機 器 収 容 箱	Ⓑ◖Ⓟ収容
Ω	終 端 抵 抗 器	
⊖	差動式スポット型感知器	2種
ⓘ	定温式スポット型感知器	1種防水型
◯	定温式スポット型感知器	1種
Ⓢ	光電式スポット型感知器	2種
Ⓟ	P 型 発 信 機	1級
◖	表　　示　　灯	AC 24 V
Ⓑ	火 災 警 報 ベ ル	DC 24 V
—⧸⧸—	配　　　　　線	2本
—⧸⧸⧸⧸—	配　　　　　線	4本
⌁	配 線 立 上 り	
↙	配 線 引 下 げ	
—　・　—	警 戒 区 域 線	

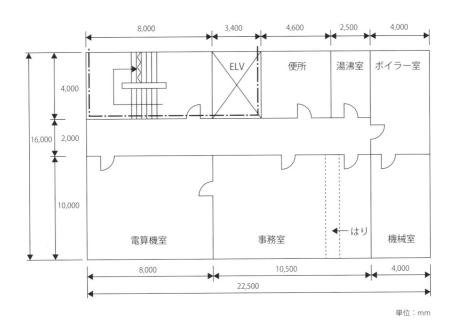

単位：mm

▶▶ 正解・解説　別冊2 P.22

1 断面図に警戒区域が最少となるよう警戒区域線と警戒区域番号を記入しなさい。
2 たて穴区画に最少となるよう光電式スポット型感知器（2種）を配置しなさい。

凡　　　例		
記　　号	名　　称	備　　考
Ⓢ	光電式スポット型感知器	2種
○	警　戒　区　域　番　号	
―・―	警　戒　区　域　線	

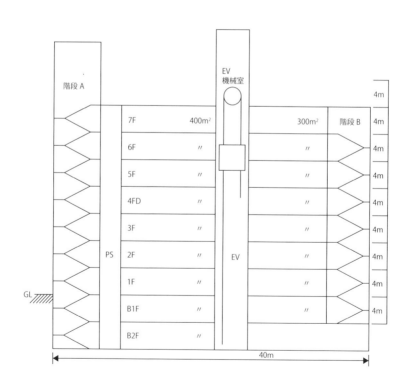

第2回

消防設備士試験
4類［甲種・乙種］問題

	試 験 科 目		甲 種	乙 種
筆 記	消防関係法令	法令共通	8 問	6 問
		法令類別	7 問	4 問
	基礎的知識	機械又は電気	10 問	5 問
	構造・機能等	機械又は電気	12 問	9 問
		規 格	8 問	6 問
	合 計		45 問	30 問
実 技	鑑別等		5 問	5 問
	製 図		2 問	——
	合 計		7 問	5 問

［解答時間］
　　甲種　3時間15分
　　乙種　1時間45分（乙種マークのみ）

■第2回消防設備士試験の甲種問7、問13 〜問15、問21 〜25、
　問44 〜問45 は、乙種にも出題される可能性がある参考問題です。
　乙種受験の方も練習問題として解いてみてください。

※筆記の解答は、次ページ（42ページ）にある解答カード（解答用紙）に
　記入しましょう。解答カードはコピーして利用しましょう。
※実技は、問題用紙に解答欄がありますので、直接記入するか、別紙に書き
　出して利用しましょう。

◆ 解答用紙は 141％に拡大コピーしてお使いください。

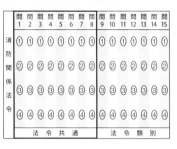

第 2 回　甲種 [筆記]　解答カード

正解一覧
別冊 2 P.156

設
解答カード

甲四・五

	試　験　日
	月　　　日

受　験　地

氏　　　名

試　験種　類	受　験　番　号
第 4 類第 5 類	―

消防関係法令

| 問1 | 問2 | 問3 | 問4 | 問5 | 問6 | 問7 | 問8 | 問9 | 問10 | 問11 | 問12 | 問13 | 問14 | 問15 |

法令共通　　法令類別

基礎的知識

| 問16 | 問17 | 問18 | 問19 | 問20 | 問21 | 問22 | 問23 | 問24 | 問25 |

機械又は電気

構造機能等

| 問26 | 問27 | 問28 | 問29 | 問30 | 問31 | 問32 | 問33 | 問34 | 問35 | 問36 | 問37 | 問38 | 問39 | 問40 | 問41 | 問42 | 問43 | 問44 | 問45 |

機械又は電気　　規格

甲種 [筆記] 合格基準

試験科目	正解数	合格基準
消防関係法令	問	6 問 /15 問
基礎的知識	問	4 問 /10 問
構造・機能等	問	8 問 /20 問
合　計	問	27 問 /45 問

※筆記試験は、各試験科目において 40％以上、全体の出題数の 60％以上が合格基準となります。

第 2 回　乙種 [筆記]　解答カード

正解一覧
別冊 2 P.156

設
解答カード

乙四・五・六・七

	試　験　日
	月　　　日

受　験　地

氏　　　名

試　験種　類	受　験　番　号
第 4 類第 5 類第 6 類第 7 類	―

消防関係法令

| 問1 | 問2 | 問3 | 問4 | 問5 | 問6 | 問7 | 問8 | 問9 | 問10 |

法令共通　　法令類別

基礎的知識

| 問11 | 問12 | 問13 | 問14 | 問15 |

機械又は電気

構造機能等

| 問16 | 問17 | 問18 | 問19 | 問20 | 問21 | 問22 | 問23 | 問24 | 問25 | 問26 | 問27 | 問28 | 問29 | 問30 |

機械又は電気　　規格

乙種 [筆記] 合格基準

試験科目	正解数	合格基準
消防関係法令	問	4 問 /10 問
基礎的知識	問	2 問 / 5 問
構造・機能等	問	6 問 /15 問
合　計	問	18 問 /30 問

※筆記試験は、各試験科目において 40％以上、全体の出題数の 60％以上が合格基準となります。

消防関係法令（法令共通）

甲種 問1　乙種 問1

消防用設備等の法令に関する記述で、誤っているものは次のうちどれか。

1 販売業者等が規格不適合品や規格適合表示のない検定品を市場に流通させた場合には、総務大臣は回収等を命ずることができる。
2 特定防火対象物が改正法令施行後に延べ面積の2分の1以上の増築工事を行った場合、改正された新しい基準ではなく従前の基準を適用する。
3 防火対象物に消防用設備等を設置し維持しなければならない者は、当該防火対象物の所有者、管理者又は占有者である。
4 日本消防検定協会又は登録検定機関は、不正な手段により検定に合格した消防用機器等の検定合格の決定について取り消すことができる。

甲種 問2　乙種 問2

消防用設備等の設置及び維持の技術上の基準に関する記述で、誤っているものは次のうちどれか。

1 政令で定める防火対象物の部分が相互に開口部のない耐火構造の床、壁等で区画されている場合は消防用設備等の設置については、各々を別の防火対象物として取り扱う。
2 無窓階（建築物の地上階のうち総務省令で定める避難上又は消火活動上有効な開口部を有しない階）では消防用設備等の設置が免除される。
3 消防用設備等の設置単位は、防火対象物に特段の規定がない限り「棟」である。
4 建築物と建築物が渡り廊下で接続されている場合は、原則として一棟である。

統括防火管理者を必要としない物件は、次のうちどれか。ただし、いずれも複数の管理権原に分かれており、高層建築物に該当しない。

1　カラオケ店　3階建て　収容人数50人
2　特別養護老人ホーム　3階建て　収容人数20人
3　病院　5階建て　収容人数30人
4　事務所　5階建て　収容人数80人

建築基準法に関する記述で、誤っているものは次のうちどれか。

1　建築基準法の防火に関する規制は、建築物や内部の収容物などの財産保護の点はもとより人命の安全確保に重点が置かれている。
2　建築基準法で定められている単体規定とは、建物の個体についての基準を定めたもので個体としての建築物に関しての敷地の衛生、安全、構造上の安全、防火や避難上の安全、環境衛生、建築設備、その他の最低の基準を定めており全国一律に適用されるものである。
3　防火地域又は準防火地域にある建築物は、その階数又は規模によって耐火建築物、又は準耐火建築物としなければならない。
4　防火区画は建築物等の延焼拡大の防止又は炎の流入拡散防止を図るために設けるもので、面積による区画、たて穴による区画、用途別による区画等がある。

甲種 問5 ／ 乙種 問5

消防用設備等の種類に関する記述で、正しいものは次のうちどれか。

1 消火設備には消火器、屋内消火栓設備、スプリンクラー設備等のほか、消防用水、連結散水設備等がある。
2 警報設備には非常ベル、自動火災報知設備、放送設備等のほか、ガス漏れ火災警報設備、漏電火災警報器、警鐘等がある。
3 避難設備には避難はしご、救助袋、誘導灯等のほか避難階段、非常用エレベータ、排煙設備等がある。
4 消火活動上必要な施設には非常コンセント設備、無線通信補助設備、連結送水管、動力消防ポンプ設備等がある。

甲種 問6 ／ 乙種 問6

消防設備士の責務及び義務に関する記述で、正しいものは次のうちどれか。

1 消防設備士は、社会信託に応えるための責務として、業務の誠実な執行、消防計画の作成、及び工事整備対象設備等の質の向上があげられる。
2 消防設備士免状を亡失、滅失又は破損した場合には、市町村長にその再交付を申請する。
3 消防設備士は、都道府県知事が行う「工事又は整備」に関する講習を受けなければならない。受講期限は、免状の交付を受けた日から3年以内に、その後も10年以内ごとに当該講習を受けなければならない。
4 消防用設備等のうち「工事整備対象設備等」の工事又は整備については、消防設備士でなければ行ってはならないとされている。これは工事整備対象等の工事又は整備について、強い公共性を認め、それを消防設備士に信託したものである。

甲種 問 7

消防用設備等又は特殊消防用設備等の定期点検及び報告について、正しいものは次のうちどれか。

1 点検は、機器点検と総合点検に分かれており、そのうち総合点検では、消防用設備等の全部もしくは一部を作動させ、又は当該消防用設備等を使用することにより、当該消防用設備等の総合的な機能を確認する。
2 機器点検は3年に1回行い、その結果を消防長に報告しなければならない。
3 総合点検は6か月に1回行い、その結果を消防長に報告しなければならない。
4 店舗に任意に設置した消防用設備等も一定期間毎に点検し、その結果を消防長又は消防署長に報告しなければならない。

甲種 問 8

危険物製造所における消防用設備等に関する記述で、誤っているものは次のうちどれか。

1 危険物製造所における消防用設備又は特殊消防設備の工事又は整備は危険物取扱者免状の甲種又は乙種の免状交付を受けていないものは行うことはできない。
2 危険物製造所等に設置しなければならない消防用設備等は、それ自体が危険物製造所等の位置、構造、設備の一部であり、これを含めた全体が許可の対象となる。
3 危険物製造所等における消防用設備は危険物製造所等の設備の一環としての規制がある。
4 危険物製造所等に設置される消防用設備等は検定対象器具又は自主表示対象器具等の技術上の規格に適合していなければならない。

消防関係法令（法令類別）

甲種 問9　乙種 問7

自動火災報知設備の受信機の設置及び選定に関する記述で、誤っているものは次のうちどれか。

1　1の防火対象物で警戒区域が5を超える場合は、増設等やむを得ない場合を除き、原則としてP型1級受信機とする。
2　P型1級受信機で接続できる回線の数が1のものは、1の防火対象物につき3台以上設けてはならない。
3　P型2級受信機で接続できる回線の数が1のものは、延べ面積350m²を超える防火対象物に設けてはならない。
4　P型3級受信機は延べ面積100m²の防火対象物まで使用することができる。

甲種 問10　乙種 問8

自動火災報知設備に関する記述で、誤っているものは次のうちどれか。

1　発信機の設置位置は、その階の各部分から1の発信機までの歩行距離が60m未満であること。
2　地区音響装置の設置は、その階の各部分から1の地区音響装置までの水平距離が25m以下となるように設けること。
3　P型2級受信機で接続できる回線が1のものは地区音響装置が接続できなくともよい。
4　P型3級受信機には発信機及び地区音響装置は不要である。

スプリンクラー設備を設置した場合、自動火災報知設備を省略することができるものは次のうちどれか。

1　3 階建てのレストラン
2　事務所の廊下
3　10,000m² の美術館（平屋、普通階）
4　ホテルの地階

自動火災報知設備の感知器の設置について、定温式スポット型 1 種が適さない場所は次のうちどれか。

1　厨房
2　乾燥室
3　駐車場
4　ボイラー室

自動火災報知設備の地区音響装置の区分鳴動に関する記述で、誤っているものは次のうちどれか。ただし、この防火対象物は、地下 3 階、地上 5 階で延べ面積は 5,000m² とする。

1　地階で火災が発生した場合、出火階、直上階、及びその他の地階に限って鳴動する。
2　1 階で火災が発生した場合、出火階、直上階及び地階に限って鳴動する。
3　2 階で火災が発生した場合、出火階、直上階に限って鳴動する。
4　5 階で火災が発生した場合、出火階、直下階に限って鳴動する。

甲種 問14

消防機関へ通報する火災報知設備に関する記述で、消防法令上、誤っているものは次のうちどれか。

1 消防機関へ常時通報することができる電話を設置している劇場は、火災通報装置を設けなくてもよい。
2 消防機関へ常時通報することができる電話を設置している老人短期入所施設は、火災通報装置を設けなくてもよい。
3 消防機関から歩行距離が500m以内の場所にある劇場は、火災通報装置を設けなくてもよい。
4 消防機関から歩行距離が500m以内の場所にある老人デイサービスセンター等は、火災通報装置を設けなくてもよい。

甲種 問15

自動火災報知設備の警戒区域の説明について、誤っているものは次のうちどれか。

1 警戒区域とは火災が発生した区域を識別するための最小単位の範囲をいう。
2 1の警戒区域は原則として2以上の階にわたってはならない。
3 1の警戒区域の面積は500m²以下とする。
4 1の警戒区域の一辺は50m以下とする。

甲種 問 16 **乙種 問 11**

　導線の電気抵抗率を ρ 、断面積を S、長さを L とした場合の電気抵抗 R を表す式として、正しいものは次のうちどれか。

1　$R = \rho \dfrac{L}{S}$

2　$R = \rho \dfrac{S}{L}$

3　$R = L \dfrac{S}{\rho}$

4　$R = \dfrac{L}{\rho S}$

甲種 問 17 **乙種 問 12**

　A － B 間の合成抵抗として、正しいものは次のうちどれか。

1　0.5 Ω
2　1.0 Ω
3　1.5 Ω
4　2.0 Ω

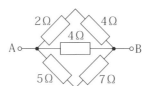

甲種 問 18 **乙種 問 13**

　次の回路に流れる電流として、正しいものは次のうちどれか。

1　2.0A
2　2.5A
3　4.0A
4　5.0A

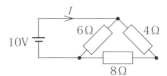

甲種 問19 　乙種 問14

次に示す回路全体の消費電力として、正しいものは次のうちどれか。

1　100 W
2　150 W
3　200 W
4　250 W

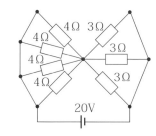

甲種 問20 　乙種 問15

指示計器の原理、使用回路、目盛の組合せとして、正しいものは次のうちどれか。

1　可動コイル形 ……………… 交流回路 …………… 不均等目盛
2　可動コイル形 …………… 直流回路 …………… 均等目盛
3　可動鉄片形 ……………… 交流回路 …………… 均等目盛
4　可動鉄片形 ……………… 直流回路 …………… 不均等目盛

甲種 問21

次図の回路を流れる電流として、正しいものは次のうちどれか。

1　4.5 A
2　18 A
3　30 A
4　60 A

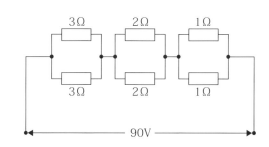

静電容量 0.2 μF と 0.3 μF のコンデンサを直列に接続した場合の合成静電容量として、正しいものは次のうちどれか。

1 0.8 μF
2 0.12 μF
3 0.18 μF
4 0.5 μF

正弦波交流において、誤っているものは次のうちどれか。

1 正弦波交流の電圧の平均値は、最大値の $\frac{2}{\pi}$ 倍である。

2 正弦波交流の電流の実効値は、最大値の $\frac{\sqrt{2}}{\pi}$ 倍である。

3 インダクタンスだけの回路で正弦波交流の電圧を加えると、電流の位相は電圧の位相より $\frac{\pi}{2}$ [rad] だけ遅れる。

4 静電容量だけの回路で正弦波交流の電圧を加えると、電流の位相は電圧の位相より $\frac{\pi}{2}$ [rad] だけ進む。

甲種 問 24

次図における力率の正しい値は、次のうちどれか。

1 0.5
2 0.6
3 0.7
4 0.8

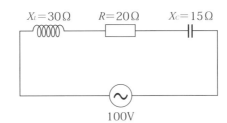

$X_L=30\,\Omega$ $R=20\,\Omega$ $X_C=15\,\Omega$

100V

甲種 問 25

蓄電池に関する記述で、誤っているものは次のうちどれか。

1 蓄電池の容量を消費し、電池の起電力と同じ方向に直流電源より電流を流すと消費された電気エネルギーを充電することができ、繰り返し使用することができる。
2 蓄電池を完全に充電後、限界まで放電させたときの電池容量の単位は〔W〕で表される。
3 鉛蓄電池の電解液は、希硫酸（H_2SO_4）であり、＋側は過酸化鉛（PbO_2）で、－側は鉛（Pb）で表される。
4 アルカリ電池の電解液は、強アルカリ性の水酸化カリウム（KOH）又は水酸化ナトリウム（NaOH）で構成されたものの総称である。

甲種 問 26　乙種 問 16

　一般に電流計、電圧計を負荷となっている回路に接続するとき、正しい接続方法は次のうちどれか。

1　電圧計は負荷に並列に接続する。
2　電圧計は負荷に直列に接続する。
3　電流計は負荷に並列に接続する。
4　電流計は電圧計と直列に接続し、負荷には直列に接続する。

甲種 問 27　乙種 問 17

　工場で100V、200V、400Vの絶縁抵抗を計測した結果、以下の表のようになった。以下の工場のうち、絶縁不良を起こしていると考えられる工場はどれか。

		単相交流 100V	三相交流 200V	三相交流 400V
1	工場 A	0.4 MΩ	0.2 MΩ	0.3 MΩ
2	工場 B	0.2 MΩ	0.2 MΩ	0.4 MΩ
3	工場 C	0.3 MΩ	0.2 MΩ	0.5 MΩ
4	工場 D	0.2 MΩ	0.2 MΩ	0.4 MΩ

甲種 問 28 乙種 問 18

　自動火災報知設備（アナログ式を除く）の規定で、耐熱にしなければならない配線は、次のうちどれか。

1　常用電源と受信機間
2　地区音響装置と受信機間
3　発信機と受信機間
4　感知器と受信機間

甲種 問 29 乙種 問 19

　差動式分布型（空気管式）感知器の流通試験を行ったところ、規定の下降時間よりも早く下降した。この原因として正しいものは次のうちどれか。

1　空気管につまりがある。
2　接点水高値が規定値よりも高い。
3　空気管に漏れがある。
4　接点水高値が規定値よりも低い。

甲種 問 30 乙種 問 20

　差動式分布型（空気管式）感知器の流通試験を行うとき、マノメーターの水高（半値）は何 mm の高さまで水位を上げて止めなければならないか。

1　120 mm
2　100 mm
3　　80 mm
4　　50 mm

▶▶ 正解・解説　別冊 2 P.37　　55

吹出口の付近に煙感知器（光電式分離型感知器を除く）を設置する場合、吹出口から 1.5 m 以上の距離に設置しなければならないが、その距離で正しいものは次のうちどれか。

1　A
2　B
3　C
4　D

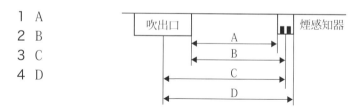

炎感知器の設置環境に関する規定で、誤っているものは次のうちどれか。

1　ライター等の小さな炎でも近距離であれば作動するおそれがあるため、ライター等の使用場所の近くには設置しない。
2　じんあい、ほこり等が多量に滞留する場所には設置しない。
3　紫外線式炎感知器は、ハロゲンランプや殺菌灯が使用されるような場所には設置しない。
4　赤外線式炎感知器は、直射日光や自動車のヘッドライトが直接当たるような場所には設置しない。

自動火災報知設備の試験について、誤っているものは次のうちどれか。

1　受信機の表示灯は、周囲の明るさが 300 ルクスの部屋で、前方 10 m の位置から点灯していることを明確に識別できるように設ける。
2　自己保持機能を有するものは、1 回線ごとに自己保持を確認しながら行う。
3　火災表示試験は、回線選択スイッチを 1 回線ずつ回して、それぞれの地区表示灯が点灯していることを確認する。
4　地区音響装置の音圧を測定したとき、1m 離れた場所から 92dB であった。

甲種 問 34　乙種 問 24

P型2級受信機（1回線）を設置できる最大面積は、次のうちどれか。

1　150 m²
2　250 m²
3　350 m²
4　600 m²

甲種 問 35

差動式分布型（空気管式）感知器のテストポンプで、空気を送気しない試験は次のうちどれか。

1　燃焼試験
2　接点水高試験
3　流通試験
4　火災作動試験

甲種 問 36

共通線について、正しいものは次のうちどれか。

1　共通線1本につき1警戒区域とする。
2　共通線1本につき3警戒区域とする。
3　共通線1本につき5警戒区域とする。
4　共通線1本につき7警戒区域とする。

配線の接続方法について、誤っているものは次のうちどれか。

1 配線を接続した場合、引っ張り強度は通常時の 80 ％以上とする。
2 配線はスリーブを用いて圧着接続させることができる。
3 接続の際は、互いの配線をろう付けしてから絶縁ビニルで被覆しなければならない。
4 配管内で配線接続する場合は、必ずろう付け又は圧着工具で確実に接続しなければならない。

甲種 問 38 　乙種 問 25

定温式スポット型感知器の感度種別と公称作動温度の組合せで、正しいものは次のうちどれか。

1　特種　85℃
2　1種　150℃
3　2種　50℃
4　3種　70℃

甲種 問 39 　乙種 問 26

受信機の予備電源についての技術上の規格について、誤っているものは次のうちどれか。

1　密閉型蓄電池である。
2　常用電源が切れたときに自動的に常用から予備へ切り替わる機能がある。
3　常用電源が戻ったときに手動で予備から常用に切り替わるスイッチがある。
4　本体の外部に設けるものは不燃又は難燃の箱に収納し、本体との間の配線は耐熱配線である。

甲種 問40 **乙種 問27**

　ガス漏れ火災警報設備及び自動火災報知設備の受信機の規格について、誤っているものは次のうちどれか。

1　P型2級受信機は、受信開始から火災表示までの所要時間は2秒以内とする。
2　交流電源を監視する装置は受信機の前面に設ける。
3　音響装置の鳴動を停止するスイッチは専用のものとする。
4　復旧スイッチは専用のものとする。

甲種 問41 **乙種 問28**

　自動火災報知設備の受信機の規格について、誤っているものは次のうちどれか。

1　水滴が浸入しにくい構造とすること。
2　表示灯の電球（発光ダイオード及び放電灯を除く）を2個直列に接続すること。
3　指示電気計器の電圧計の最大目盛は、使用される回路の定格電圧の140%以上200%以下であること。
4　受信機は最大負荷に連続して耐える容量を有するものであること。

甲種 問42 **乙種 問29**

　ガス漏れ火災警報設備に用いる検知器の記述で、誤っているものは次のうちどれか。

1　検知方式の代表的なものに半導体式、接触燃焼式、気体熱伝導度式がある。
2　都市ガス用の検知器の検知濃度は、爆発下限界の $\frac{1}{200}$ から $\frac{1}{4}$ となっている。
3　半導体式のものは、半導体の表面にガスが吸着し、電気伝導度が上昇する性質を利用したものである。
4　検知器にはガスを検出した場合の信号として無電圧接点型と有電圧出力型がある。

甲種 問 43　乙種 問 30

P型受信機の説明で、正しいものは次のうちどれか。

1　1級、2級、3級のいずれも火災灯が必要である。
2　1級、2級、3級のいずれも主音響装置が必要である。
3　1級、2級、3級のいずれも導通試験装置が必要である。
4　1級、2級、3級のいずれも電話連絡装置が必要である。

甲種 問 44

消防庁告示の蓄電池設備の基準で、次の蓄電池と単電池あたりの公称電圧の組合せで、誤っているものは次のうちどれか。

1　鉛蓄電池 ································ 1.2 V
2　アルカリ蓄電池 ··················· 1.2 V
3　ナトリウム・硫黄電池 ··········· 2 V
4　レドックスフロー電池 ··········· 1.3 V

甲種 問 45

ガス漏れ火災警報設備に関する記述で、誤っているものは次のうちどれか。

1　ガス漏れ火災警報設備を構成する機器の内、ガス漏れ検知器、中継器及び受信機は国家検定による試験に合格したもので、検定合格証票が貼付された物を使用しなければならない。
2　温泉採取施設に設けるガス漏れ検知器の検知濃度は、ガス濃度が爆発下限界の $\frac{1}{10}$ 以上の時に確実に作動し、$\frac{1}{200}$ 以下の時には作動しないこと。
3　1の警戒区域の面積は 600m² 以下とすること。ただし、当該警戒区域内のガス漏れ表示灯を通路の中央から容易に見通すことができる場合は、1の警戒区域を 1,000m² 以下とすることができる。
4　ガス漏れ火災警報設備の非常電源は、原則直交変換装置を有しない蓄電池設備によるものとする。

鑑別等試験

甲種 問1　　**乙種 問1**

1　次の計器を使用して行う試験の名称を答えなさい。

解答欄

設問 1	

2　測定リードのクリップを接続する箇所を答えなさい。

解答欄

設問 2	

甲種 問2　　乙種 問2

1　次の測定器の名称を答えなさい。

解答欄

設問 1	

2　音声による地区音響装置の音圧を測定する場合の測定位置と必要音圧を答えなさい。

解答欄

	測定位置	必要音圧
設問 2		

▶▶ 正解・解説　別冊2 P.43

次の①から④の設備図において、光電式分離型感知器の設置位置が基準に適合しているものは○を、不適切なものは×を記入しなさい。

①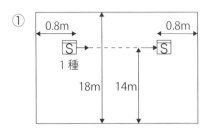

②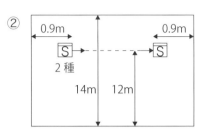

③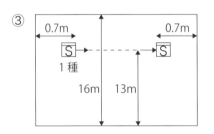

④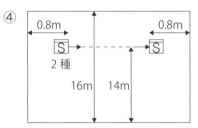

解答欄

①	②	③	④

1　次のガス漏れ火災警報設備の平面図において、矢印で示す記号の名称を答えなさい。

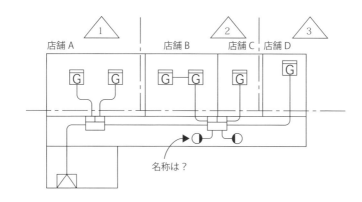

解答欄

設問1	

2　設問1で解答した機器以外の、ガス漏れの発生を知らせる警報装置を2つ答えなさい。

解答欄

設問2		

第2回

[実技]

次の条件における受信機および配線において、各設問に答えなさい。

条件

- ・P型1級10回線の受信機で第3回線の感知器配線が断線している。
- ・第9、第10回線は予備回線で感知器の接続はない。
- ・受信機の故障はない。

1 この受信機で火災表示試験を行った場合の動作で、正しいものは次のうちどれか。

ア．第3回線の地区表示灯が点灯しない。
イ．第9、第10回線の地区表示灯が点灯しない。
ウ．第3、第9、第10回線の地区表示灯が点灯しない。
エ．予備電源に切り替えると第3回線が点灯する。
オ．すべての地区表示灯が点灯する。

解答欄

設問1	

2 第3回線の感知器配線が断線していることを確かめるための試験名称を答えなさい。

解答欄

設問2	

甲種 問 1

次頁の図は地上 5 階建て事務所の 1 階部分である。

条件に基づき、自動火災報知設備の平面図を完成させなさい。

条件

1. 主要構造部は耐火構造である。
2. 無窓階に該当しない。
3. ボイラー室とバッテリー室の天井高さは 4.5m、それ以外の天井高さは 3.7m とする。
4. 感知器の設置は必要最少個数とし、煙感知器はそれを必要とする場所のみ設置とする。
5. 終端抵抗は機器収容箱内部に設ける。
6. 階段、エレベータ、パイプシャフトは、この階の警戒区域とは別警戒であり、上部の階に感知器が設けられている。

▶▶ 正解・解説　別冊 2　P.44 〜 P.45　67

凡　　　例		
記　号	名　　称	備　考
▭	機 器 収 容 箱	露出型　　　　　Ⓑ◖Ⓟ収容
Ⓑ	電　　　鈴	DC24V
◖	表　示　灯	24V
Ⓟ	発　信　機	P型1級
▷◁	受　信　機	P型1級10回線
◠	差動式スポット型感知器	2種
◯	定温式スポット型感知器	1種　　　　　　70℃
◐	定温式スポット型感知器	1種　防水型　　70℃
◑	定温式スポット型感知器	1種　耐酸型　　60℃
Ⓢ	光電式スポット型感知器	2種　露出型
Ω	終　　端　　器	
—////—	配　管　配　線	4本
♂↗ ↙♀	配　管　配　線	立上がり・引下げ
— · —	警 戒 区 域 線	

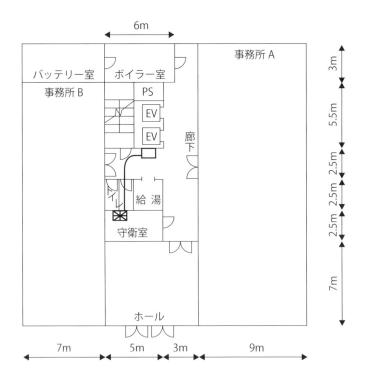

次頁に示す自動火災報知設備系統図について設問に答えなさい。

条件

1. 地区音響装置は区分鳴動とする。
2. 感知器配線の共通線は2本とし、警戒区域数を等しくする。
3. 機器収容箱は屋内消火栓の直上に設け、内部の発信機は屋内消火栓ポンプの起動ボタンを兼ねる。

凡　　　例		
記　　号	名　　称	備　　考
▷◁	受　　信　　機	P型1級
☐☐☐	機　器　収　容　箱	消火栓組込型　Ⓑ◖Ⓟ収容
Ⓑ	電　　　　　鈴	DC24V
◖	表　　示　　灯	24V
Ⓟ	発　　信　　機	P型1級
◯	警　戒　区　域　番　号	自火報
Ⓡ	消　火　栓　始　動　装　置	

1 区分鳴動についての説明を完成させなさい。

　自動火災報知設備の地区音響装置は一斉鳴動が原則であるが、（　①　）階建以上で延べ面積（　②　）m²を超える場合は区分鳴動としなければならない。

解答欄

	①	②
設問1		

2 系統図中①〜⑧の部分の配線数を求めなさい。

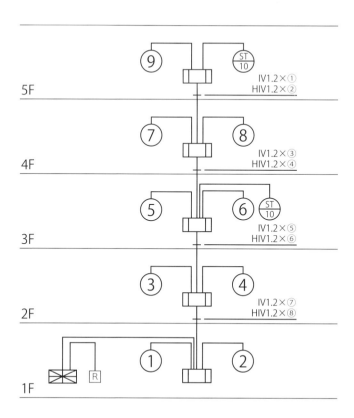

解答欄

①	②	③	④	⑤	⑥	⑦	⑧

第3回

消防設備士試験
4類［甲種・乙種］問題

	試 験 科 目		甲 種	乙 種
筆 記	消防関係法令	法令共通	8問	6問
		法令類別	7問	4問
	基礎的知識	機械又は電気	10問	5問
	構造・機能等	機械又は電気	12問	9問
		規 格	8問	6問
	合 計		45問	30問
実 技	鑑別等		5問	5問
	製 図		2問	──
	合 計		7問	5問

［解答時間］
　　甲種　3時間15分
　　乙種　1時間45分（乙種マークのみ）

■第3回消防設備士試験の甲種問7〜問8、問13〜問15、問21〜問25、問44〜問45は、乙種にも出題される可能性がある参考問題です。乙種受験の方も練習問題として解いてみてください。

※筆記の解答は、次ページ（72ページ）にある解答カード（解答用紙）に記入しましょう。解答カードはコピーして利用しましょう。
※実技は、問題用紙に解答欄がありますので、直接記入するか、別紙に書き出して利用しましょう。

◆ 解答用紙は 141%に拡大コピーしてお使いください。

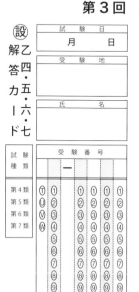

第3回　甲種［筆記］　解答カード

正解一覧
別冊2 P.157

⦿設
解答カード

甲種
四・五
ー
ド

| 試　験　日 |
| 月　　　日 |

| 受　験　地 |

| 氏　　　名 |

| 試験種類 | 受　験　番　号 |
| 第4類　㋐
第5類　㋒ | ― |

消防関係法令

法令共通　　法令類別

| 問1 | 問2 | 問3 | 問4 | 問5 | 問6 | 問7 | 問8 | 問9 | 問10 | 問11 | 問12 | 問13 | 問14 | 問15 |

基礎的知識

機械又は電気

| 問16 | 問17 | 問18 | 問19 | 問20 | 問21 | 問22 | 問23 | 問24 | 問25 |

構造機能等

機械又は電気　　規格

| 問26 | 問27 | 問28 | 問29 | 問30 | 問31 | 問32 | 問33 | 問34 | 問35 | 問36 | 問37 | 問38 | 問39 | 問40 | 問41 | 問42 | 問43 | 問44 | 問45 |

甲種［筆記］合格基準

試験科目	正解数	合格基準
消防関係法令	問	6問/15問
基礎的知識	問	4問/10問
構造・機能等	問	8問/20問
合　計	問	27問/45問

※筆記試験は、各試験科目において 40%以上、全体の出題数の 60%以上が合格基準となります。

第3回　乙種［筆記］　解答カード

正解一覧
別冊2 P.157

⦿設
解答カード

乙種
四・五・六・七
ド

| 試　験　日 |
| 月　　　日 |

| 受　験　地 |

| 氏　　　名 |

| 試験種類 | 受　験　番　号 |
| 第4類　㋐
第5類　㋒
第6類　㋕
第7類　㋘ | ― |

消防関係法令

法令共通　　法令類別

| 問1 | 問2 | 問3 | 問4 | 問5 | 問6 | 問7 | 問8 | 問9 | 問10 |

基礎的知識

機械又は電気

| 問11 | 問12 | 問13 | 問14 | 問15 |

構造機能等

機械又は電気　　規格

| 問16 | 問17 | 問18 | 問19 | 問20 | 問21 | 問22 | 問23 | 問24 | 問25 | 問26 | 問27 | 問28 | 問29 | 問30 |

乙種［筆記］合格基準

試験科目	正解数	合格基準
消防関係法令	問	4問/10問
基礎的知識	問	2問/ 5問
構造・機能等	問	6問/15問
合　計	問	18問/30問

※筆記試験は、各試験科目において 40%以上、全体の出題数の 60%以上が合格基準となります。

消防関係法令（法令共通）

甲種 問1　乙種 問1

地方公共団体の機関について、誤っているものは次のうちどれか。

1　市町村の消防は、条例に従い、市町村長が管理する。
2　市町村は、消防本部、消防署、消防団の全部又は一部を設ける。
3　消防本部、消防署の設置等は市町村条例で定め、消防団の設置は市町村規則で定める。
4　消防本部の長は消防長、消防署の長は消防署長である。

甲種 問2　乙種 問2

屋外において火災の予防に危険であると認める物件の関係者で、権原を有する者に対し障害除去の措置を命ずることができない者は、次のうちどれか。

1　消防長
2　消防吏員
3　消防職員
4　市町村長

消防用設備等の区分と種類について、正しい組み合わせは次のうちどれか。

1　連結散水設備は消火設備である。
2　排煙設備は避難設備である。
3　防火水槽は消火活動上必要な施設である。
4　携帯用拡声器は消防の用に供する設備である。

消防設備士免状の交付を受けていない者の点検が認められているのは、次のうちどれか。

1　1,000 m² のホテル
2　1,000 m² の事務所で消防長が消防設備士による点検を指定した物件
3　600 m² の倉庫
4　1,000 m² の幼稚園

消防用機械器具等の検定制度について、誤っているものは次のうちどれか。

1　型式承認を受けていれば設置、変更、修理の請負工事での使用はできないが、販売、陳列は行える。
2　規格に適合している場合、日本消防検定協会又は登録検定機関が型式承認をするのではなく、総務大臣が型式承認を行う。
3　型式適合検定に合格した消防設備機器は、合格した旨の表示を行う。
4　検定対象機械器具等には閉鎖型スプリンクラーヘッド、受信機、緩降機、金属製避難はしごなどがある。

甲種 問 6　乙種 問 6

消防用設備等の点検結果の報告について、正しいものは次のうちどれか。

1　飲食店 ……………6か月に1回
2　小学校 ……………1年に1回
3　ホテル ……………1年に1回
4　寄宿舎 ……………6か月に1回

甲種 問 7

消防用設備等の設置届について、正しいものは次のうちどれか。

1　特定防火対象物で 300 m² 以上のものは、消防長又は消防署長に設置届を提出しなければならない。
2　特定防火対象物で 300 m² 以上のものは、建築主事に設置届を提出しなければならない。
3　消防法令で定める建物に、消防設備（簡易消火用具及び非常警報器具を除く）を設置した場合、消防設備士は消防長又は消防署長に設置届を提出しなければならない。
4　非特定防火対象物で 300 m² 以上のものに、消防設備（簡易消火用具及び非常警報器具を除く）を設置した場合、関係者は消防長又は消防署長に設置届を提出しなければならない。

▶▶ 正解・解説　別冊2 P.47〜P.50　　75

　消防用設備等の設置工事の着工届について、誤っているものは次のうちどれか。

1　工事を始めようとする 10 日前までに、着工届を提出しなくてはならない。
2　着工届の提出を怠った場合、拘留又は罰金に処せられる。
3　当該防火対象物の関係者のうち消防長又は消防職員が指定した占有者又は管理者のみがある一定の条件を満たしたときに、着工届を提出することができる。
4　甲種消防設備士のみ、着工届を提出することができる。

消防関係法令（法令類別）

甲種 問 9　　乙種 問 7

　延べ面積にかかわらず自動火災報知設備を設置しなければならない防火対象物は、次のうちどれか。

1　無床診療所
2　幼稚園
3　ホテル
4　神社

甲種 問 10　　乙種 問 8

　自動火災報知設備の設置を必要としない階は、次のうちどれか。ただし地上階はいずれも無窓階に該当しないものとする。

1　床面積 300 m² の共同住宅の 3 階
2　床面積 100 m² のキャバレーの地階
3　床面積 300 m² の料理店の 3 階
4　床面積 300 m² の事務所の 2 階

以下に示す複合用途防火対象物で、自動火災報知設備が必要となる階はどこか。ただし2階のみ無窓階とする。

3 階	事務所	300 m^2
2 階	飲食店	250 m^2
1 階	販売店	250 m^2

1　1階のみ自動火災報知設備を設置する。
2　2階のみ自動火災報知設備を設置する。
3　1階及び2階のみ自動火災報知設備を設置する。
4　建物全体に自動火災報知設備を設置する。

非特定防火対象物において、設置により自動火災報知設備を省略することができない消防用設備等は、次のうちどれか。ただし、いずれの設備も閉鎖型スプリンクラーヘッドによる火災感知を行う。

1　スプリンクラー設備
2　水噴霧消火設備
3　粉末消火設備
4　泡消火設備

甲種 問 13

ガス漏れ火災警報設備を設置しなければならない防火対象物は、次のうちどれか。

1 地下街で延べ面積が 500 m² のもの
2 事務所の地階で床面積が 1,200 m² のもの
3 劇場の地階で床面積が 900 m² のもの
4 複合用途防火対象物の地階で床面積が 1,000 m² であり、飲食店の用途に供される部分が 500 m² のもの

甲種 問 14

閉鎖型スプリンクラーヘッドが設置されている場所で、当該設備の有効範囲内の部分であっても感知器の設置が省略されない防火対象物として、正しいものは次のうちどれか。

1 倉庫
2 工場
3 図書館
4 旅館

甲種 問 15

炎感知器（道路の用に供される部分に設けられるもの）の設置について、正しいものは次のうちどれか。

1 道路の側壁の下方に設ける。
2 道路面からの高さが 1.5 m 以上 2.0 m 以下の部分に設ける。
3 道路面からの高さが 1.0 m 以上 1.5 m 以下の部分に設ける。
4 道路面からの高さ 1.2 m までの空間が、感知器の公称監視距離の範囲内となるように設ける。

甲種 問16　乙種 問11

電気抵抗、抵抗率の説明について、誤っているものは次のうちどれか。

1　金の抵抗率は銀、銅のものより小さい。
2　抵抗率は一般に ρ で表され、単位は［Ω・m］である。
3　抵抗値は導体の長さに比例し、断面積に反比例する。
4　金属抵抗は、一般的に温度が上昇すると抵抗値も大きくなる。

甲種 問17　乙種 問12

次図の回路の合成抵抗値は、次のうちどれか。

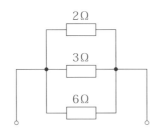

1　　1.0 Ω
2　　3.3 Ω
3　10.0 Ω
4　13.0 Ω

甲種 問 18 / 乙種 問 13

　文中の ☐ 内に当てはまる語句として、正しいものは次のうちどれか。

「フレミングの左手の法則において、中指が電流、人差し指が磁界、親指は ☐ である。」

1　誘導起電力
2　電磁力
3　静電力
4　電流力

甲種 問 19 / 乙種 問 14

　次図の回路において、検流計の針が 0 を示すときの抵抗値 P、Q、R、S の関係式として、正しいものは次のうちどれか。

1　$PQ = RS$
2　$PS = RQ$
3　$P + Q = R + S$
4　$P + S = R + Q$

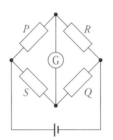

甲種 問 20 / 乙種 問 15

　次の指示電気計器において、最も電流感度のよいものはどれか。

1　可動鉄片形計器
2　電流力計形計器
3　熱電形計器
4　可動コイル形計器

甲種 問21

　　　　　内に当てはまる語句の組合せとして、正しいものは次のうちどれか。

「2つの電荷間の電気力は、電荷量の積に　A　し、距離　B　する。」

1　　A　比例　　　　B　に反比例
2　　A　比例　　　　B　の2乗に反比例
3　　A　反比例　　　B　の2乗に反比例
4　　A　反比例　　　B　に反比例

甲種 問22

　A－B間の電位差が10Vのとき、B－C間の電位差は、次のうちどれか。

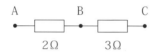

1　　5 V
2　　10 V
3　　15 V
4　　20 V

甲種 問23

　1次側の端子電圧20V、2次側の端子電圧400V、巻数1,000のときに1次側の巻数は、次のうちどれか。

1　　50
2　　100
3　　150
4　　200

次の駆動トルクの種類のうち、交流の回路でのみ使用するものはどれか。

1 可動コイル形
2 静電形
3 電流力計形
4 整流器形

抵抗6Ω、リアクタンス負荷8Ωの交流回路のインピーダンスの値は、次のうちどれか。

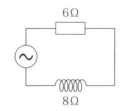

6Ω

8Ω

1　6.9 Ω
2　8.6 Ω
3　10.0 Ω
4　12.0 Ω

甲種 問 26　**乙種 問 16**

低抵抗（1 Ω未満）を測定する方法や計器として、適切なものは次のうちどれか。

1　ホイートストンブリッジ法
2　絶縁抵抗計
3　接地抵抗計
4　電位差計法

甲種 問 27　**乙種 問 17**

接地工事の種別－機械器具の区分－接地抵抗の組合せとして、正しいものは次のうちどれか。

1　C 種接地 ………… 300 V 以下の低圧用のもの …………… 10 Ω以下
2　C 種接地 ………… 300 V を超える低圧用のもの ……… 100 Ω以下
3　D 種接地 ………… 300 V 以下の低圧用のもの ………… 100 Ω以下
4　D 種接地 ………… 300 V を超える低圧用のもの ……… 10 Ω以下

甲種 問 28　**乙種 問 18**

R 型受信機－アナログ感知器間の電線と施工方法として、正しいものは次のうちどれか。

1　600 V ビニル絶縁電線 …………… 露出工事
2　600 V 2 種ビニル絶縁電線 ……… 露出工事
3　600 V ビニル絶縁電線 …………… 金属管工事
4　600 V 2 種ビニル絶縁電線 ……… 金属管工事

　差動式分布型感知器に対して行う試験名称と内容の組合せとして、誤っているものは次のうちどれか。

1　接点水高試験 ……………………… 感知器の感度を確認する
2　流通試験 ……………………………… 空気管のつぶれや漏れを調べる
3　リーク抵抗試験 ………………… 空気管に漏れがないかを確認する
4　作動及び作動継続試験 ………… 総合的な作動試験

　自動火災報知設備のP型1級受信機の火災表示試験で確認できることとして、正しいものは次のうちどれか。

1　予備電池容量
2　感知器配線の断線
3　主音響装置の鳴動
4　感知器の故障

　自動火災報知設備のP型1級受信機の導通試験で断線異常を発見した。その原因として考えられるもので、正しいものは次のうちどれか。

1　感知器が取り外されている。
2　感知器が故障している。
3　終端抵抗がはずれている。
4　受信機の予備電池容量が不足している。

第3回

[筆記]

ガス漏れ火災警報設備の受信機の試験について、誤っているものは次のうちどれか。

1 ガス漏れ表示灯は、前方 2 m 離れた位置から点灯していることを明確に識別できるように設ける。
2 遅延時間を有するものについてガス漏れ表示試験を行うときは、ガス漏れ表示を確認し、それぞれの警戒区域の遅延時間が 60 秒以内であることを確認しながら行う。
3 自己保持機能を有するものは、1 回線ごとに自己保持を確認して復旧する。
4 ガス漏れ表示試験については、回線選択スイッチを 1 回線ずつ回して、それぞれの地区表示灯が点灯していることを確認する。

自動火災報知設備の発信機の設置について、適当なものは次のうちどれか。

1 人目につきやすいといたずらされるおそれがあるので、人目につきにくい所に設置した。
2 消火栓の表示灯が付近にあったので、発信機の表示灯を設けずに標識のみを設置した。
3 子供にいたずらされるおそれがあるため、子供の手の届かない位置（地上又は床面から 2 m の高さ）に設置した。
4 R 型受信機を設置したので P 型 2 級発信機を設けた。

P 型 1 級受信機が非火災報を受信した際の復旧について、最も適切なものは次のうちどれか。

1 受信機の火災復旧スイッチを押す。
2 感知器が復旧すると自動的に復旧する。
3 受信機の主電源スイッチを切らないと復旧しない。
4 発信機を操作する。

甲種 問 35

低圧屋内配線の金属管工事について、誤っているものは次のうちどれか。

1 土壁に埋め込む金属管工事はすべて接地工事をしなければならない。
2 電線は絶縁電線でなければならない。
3 管の端口には電線保護のためにブッシングを設ける。
4 金属管の中には電線の接続点を設けない。

甲種 問 36

差動式分布型（空気管式）感知器の設置工事について、誤っているものは次のうちどれか。

1 空気管は壁又は天井等にステップルで固定するが、ステップル間は 35 cm 以内で、さらに屈曲部から 5 cm 以内にしなければならない。
2 空気管の接続にはスリーブを用いるが、空気管を壁等に固定する場合、スリーブの上から止め金具等により強固に固定する。
3 空気管の屈曲部は屈曲半径を 5 mm 以上としなければならない。
4 検出部は 5 度以上傾斜して設置してはならない。

甲種 問 37

ガス漏れ火災警報設備に用いる検知器の検出原理で、正しいものは次のうちどれか。

1 イオン電流の変化を検出する。
2 受光量の変化を検出する。
3 半導体を塗られた白金をセンサーとし気体の熱伝導度を監視する。
4 バイメタルの反転を利用する。

甲種 問 38 **乙種 問 25**

R 型受信機の説明で、正しいものは次のうちどれか。

1 火災信号若しくは火災表示信号を共通の信号として又は設備作動信号を共通もしくは固有の信号として受信し、火災の発生を防火対象物の関係者に報知するものである。
2 火災信号、火災表示信号若しくは火災情報信号を固有の信号として又は設備作動信号を共通若しくは固有の信号として受信し、火災の発生を防火対象物の関係者に報知するものである。
3 火災情報信号のみを受信し、火災の発生を防火対象物の関係者に報知するものである。
4 ガス漏れ信号のみを受信し、ガス漏れの発生を防火対象物の関係者に報知するものである。

甲種 問 39 **乙種 問 26**

GP 型受信機の火災表示又はガス漏れ表示について、誤っているものは次のうちどれか。

1 GP 型受信機が火災を感知した際には、赤色の火災灯が点灯する。
2 GP 型受信機がガス漏れを検知した際には、黄色のガス漏れ灯が点灯する。
3 GP 型受信機は、同一回線に火災とガス漏れを表示することができる。
4 GP 型受信機は、G 型受信機の機能と P 型受信機の機能を併せ持つものである。

　自動火災報知設備の感知器に関する記述で、誤っているものは次のうちどれか。

1　差動式スポット型感知器は、周囲の温度上昇率が一定の率以上になったときに作動するもので、一局所の熱効果によって作動するものをいい、感度に応じ、1種、2種及び3種に分かれている。

2　差動式分布型感知器は、周囲の温度上昇率が一定の率以上になったときに作動するもので、広範囲の熱効果によって作動するものをいい、感度に応じ、1種、2種及び3種に分かれている。

3　定温式スポット型感知器は、一局所の周囲の温度が一定の温度以上になったときに作動するもので、外観が電線状以外のものをいい、感度に応じ、特種、1種及び2種に分かれている。

4　光電式スポット型感知器は、周囲の空気が一定の濃度以上の煙を含むに至ったときに作動するもので、感度に応じ、1種、2種及び3種に分かれている。

　発信機の説明で、正しいものは次のうちどれか。

1　発信機とは火災信号を受信機に自動的に発信するものをいう。

2　P型発信機とは各発信機に共通又は固有の火災信号を受信機に手動により発信するもので、発信と同時に通話することができるものをいう。

3　T型発信機とは各発信機に共通又は固有の火災信号を受信機に手動により発信するもので、発信と同時に通話することができないものをいう。

4　M型発信機とは各発信機に固有の火災信号を受信機に手動により発信するものをいう。

受信機に関する記述で、誤っているものは次のうちどれか。

1 Ｐ型１級の回線数に制限はない。
2 Ｐ型２級の接続回線数は 10 回線以下である。
3 Ｐ型３級の回線数は１回線のみである。
4 蓄積式受信機の蓄積時間は 60 秒以内とする。

甲種 問 43 **乙種 問 30**

定温式スポット型感知器の公称作動温度の範囲で、適当なものは次のうちどれか 。

1 30℃～ 150℃
2 40℃～ 150℃
3 50℃～ 150℃
4 60℃～ 150℃

甲種 問 44

[   ] 内に当てはまる語句で、正しいものは次のうちどれか。

「差動式スポット型感知器の作動試験について、２種のものは室温より 30℃ 高い風速 85cm/s の垂直気流に投入したとき、[   ] 秒以内で火災信号を発信すること。」

1 30
2 40
3 60
4 90

　自動火災報知設備の受信機の予備電源に関する記述で、誤っているものは次のうちどれか。

1　密閉型蓄電池であること。
2　自動切替え装置を設ける。
3　口出線は色分けして、誤接続防止措置が講じてある。
4　60分監視後、10回線を20分間警報監視できる容量をもつ。

鑑別等試験

甲種5問
乙種5問

甲種 問1　乙種 問1

次の工具の名称及び用途を答えなさい。

A

B

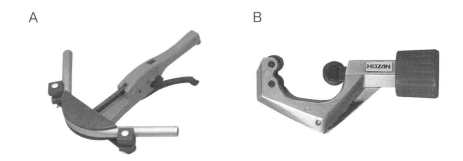

解答欄

	名　　　称	用　　途
A		
B		

次の写真をみて、各設問に答えなさい。

1　Aの名称を答えなさい。
2　Bの感知器の名称を答えなさい。
3　Aによって行う試験を5つ答えなさい。

A

B

解答欄

設問1	
設問2	
設問3	

ガス漏れ火災警報設備の検知器設置基準について答えなさい。

・空気より軽いガスの場合の検知器の設置は、燃焼器から水平距離（ ① ）m 以内の位置に設置する。検知器の下端は、天井面の下方（ ② ）m 以内とする。
・空気より重いガスの場合の検知器の設置は、燃焼器から水平距離（ ③ ）m 以内の位置に設置する。検知器は、床面の上方（ ④ ）m 以内の位置に設ける。

解答欄

①	②	③	④

受信機の地区表示灯及び火災灯が点灯し主音響が鳴動した。火災復旧スイッチを操作しても、再び警報を発した。このとき、次の設問に答えなさい。

1　当該警戒区域の感知器に異常がなかった場合、考えられる状況を答えなさい。
2　感知器に異常があった場合、故障感知器の発見方法を答えなさい。

解答欄

設問 1	
設問 2	

次の図に示す自動火災報知設備の受信機で、P 型 2 級受信機に必要のない
ものを 5 つ答えなさい。ただし、1 回線のものを除く。

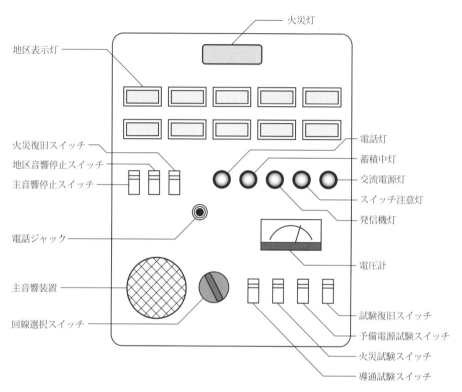

- 火災灯
- 地区表示灯
- 火災復旧スイッチ
- 地区音響停止スイッチ
- 主音響停止スイッチ
- 電話ジャック
- 主音響装置
- 回線選択スイッチ
- 電話灯
- 蓄積中灯
- 交流電源灯
- スイッチ注意灯
- 発信機灯
- 電圧計
- 試験復旧スイッチ
- 予備電源試験スイッチ
- 火災試験スイッチ
- 導通試験スイッチ

解答欄

甲種 問1

　次頁の図は消令別表第1(12)項イに該当する工場である。条件に基づき、各設問に答えなさい。

条件

1. 主要構造部は耐火構造である。
2. 事務所エリアの天井の高さは3.8m、工場エリアは12.0mである。
3. 煙感知器は、これを設けなければならない場所のみに設置する。
4. 感知器の設置は、必要最少個数とする。

凡　　　　　例		
記　　号	名　　称	備　　考
✕	受　信　機	P型1級
▭	機　器　収　容　箱	露出型　　　　Ⓑ◖Ⓟ収容
Ⓑ	電　　鈴	DC24V
◖	表　示　灯	24V
Ⓟ	発　信　機	P型1級
⌒	差動式スポット型感知器	2種
Ⓘ	定温式スポット型感知器	1種　防水型　　70℃
Ⓢ	光電式スポット型感知器	2種　露出型
Ⓢ→	光電式分離型感知器	2種　送光部
Ⓢ←	光電式分離型感知器	2種　受光部
Ω	終　端　器	
—・—	警　戒　区　域　線	
…………	光　　軸	

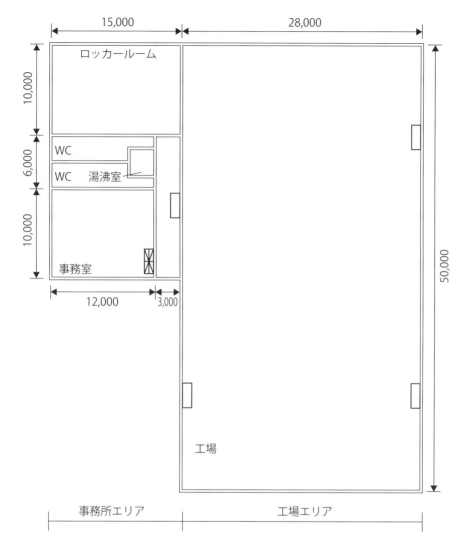

1 警戒区域を設定し、警戒区域線を記入しなさい。ただし、工場エリアは主要な出入り口から内部を見通すことができるとする。

2 工場エリアを光電式分離型（公称監視距離30m以上49m以下のもの）で警戒する。感知器と光軸を記入しなさい。ただし、配線は不要である。

3 事務所エリアに必要な感知器を記入しなさい。

次の図において、感知器回路についての電線を記入しなさい。

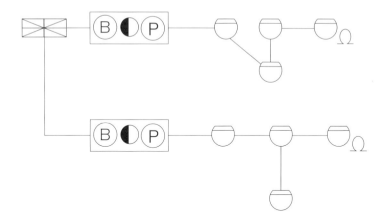

第4回

消防設備士試験
4類［甲種・乙種］問題

	試 験 科 目		甲 種	乙 種
筆 記	消防関係法令	法令共通	8 問	6 問
		法令類別	7 問	4 問
	基礎的知識	機械又は電気	10 問	5 問
	構造・機能等	機械又は電気	12 問	9 問
		規 格	8 問	6 問
	合 計		45 問	30 問
実 技	鑑別等		5 問	5 問
	製 図		2 問	——
	合 計		7 問	5 問

［解答時間］
　　甲種　3時間15分
　　乙種　1時間45分（乙種マークのみ）

■第4回消防設備士試験の甲種問7、問13〜問15、問21〜問25、問35〜問36、問44〜問45は、乙種にも出題される可能性がある参考問題です。乙種受験の方も練習問題として解いてみてください。

※筆記の解答は、次ページ（100ページ）にある解答カード（解答用紙）に記入しましょう。解答カードはコピーして利用しましょう。
※実技は、問題用紙に解答欄がありますので、直接記入するか、別紙に書き出して利用しましょう。

◆ 解答用紙は 141％に拡大コピーしてお使いください。

第4回　甲種［筆記］　解答カード

正解一覧
別冊2 P.158

設 解答カード
甲四・五

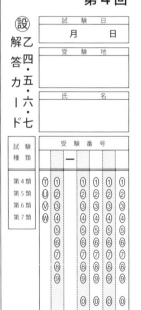

試験日
月　日

受験地

氏名

試験種類
第4類
第5類

受験番号
―

消防関係法令

| 問1 | 問2 | 問3 | 問4 | 問5 | 問6 | 問7 | 問8 | 問9 | 問10 | 問11 | 問12 | 問13 | 問14 | 問15 |

法令共通　　法令類別

基礎的知識

| 問16 | 問17 | 問18 | 問19 | 問20 | 問21 | 問22 | 問23 | 問24 | 問25 |

機械又は電気

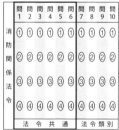

構造機能等

| 問26 | 問27 | 問28 | 問29 | 問30 | 問31 | 問32 | 問33 | 問34 | 問35 | 問36 | 問37 | 問38 | 問39 | 問40 | 問41 | 問42 | 問43 | 問44 | 問45 |

機械又は電気　　規格

甲種［筆記］合格基準

試験科目	正解数	合格基準
消防関係法令	問	6問/15問
基礎的知識	問	4問/10問
構造・機能等	問	8問/20問
合計	問	27問/45問

※筆記試験は、各試験科目において40％以上、全体の出題数の60％以上が合格基準となります。

第4回　乙種［筆記］　解答カード

正解一覧
別冊2 P.158

設 解答カード
乙四・五・六・七

試験日
月　日

受験地

氏名

試験種類
第4類
第5類
第6類
第7類

受験番号
―

消防関係法令

| 問1 | 問2 | 問3 | 問4 | 問5 | 問6 | 問7 | 問8 | 問9 | 問10 |

法令共通　　法令類別

基礎的知識

| 問11 | 問12 | 問13 | 問14 | 問15 |

機械又は電気

構造機能等

| 問16 | 問17 | 問18 | 問19 | 問20 | 問21 | 問22 | 問23 | 問24 | 問25 | 問26 | 問27 | 問28 | 問29 | 問30 |

機械又は電気　　規格

乙種［筆記］合格基準

試験科目	正解数	合格基準
消防関係法令	問	4問/10問
基礎的知識	問	2問/ 5問
構造・機能等	問	6問/15問
合計	問	18問/30問

※筆記試験は、各試験科目において40％以上、全体の出題数の60％以上が合格基準となります。

甲種 問1　乙種 問1

消防法令に規定する用語の説明として、誤っているものは次のうちどれか。

1　消防の用に供する設備 ……… 消火設備、警報設備、避難設備をいう。
2　防火対象物の関係者 ………… 防火対象物の所有者、管理者、占有者をいう。
3　消火活動上必要な施設 ……… 排煙設備、連結送水管、動力消防ポンプ設備
　　　　　　　　　　　　　　　　をいう。
4　複合用途防火対象物 ………… 同じ防火対象物に政令で定める2以上の用途
　　　　　　　　　　　　　　　　が存在するものをいう。

甲種 問2　乙種 問2

複合用途防火対象物における消防用設備等の設置基準について、正しいものは次のうちどれか。

1　複合用途防火対象物は、原則として、それぞれの用途部分を1つの防火対象物とみなして消防用設備等の設置基準を適用する。
2　複合用途防火対象物は、原則として、全体を1つの防火対象物とみなして消防用設備等の設置基準を適用する。
3　特定用途を含む複合用途防火対象物は、主たる用途部分に適合させる。
4　特定用途を含む複合用途防火対象物に自動火災報知設備の設置基準を適用する場合は、それぞれの用途部分を1つの防火対象物とみなす。

甲種 問3　**乙種 問3**

　消防用設備等が設備等技術基準に従って維持できていない場合、消防長又は消防署長から必要な措置を行うように命令を受ける者として、消防法令上、正しいものは次のうちどれか。

1　防火対象物の管理者で権原を有する者
2　防火対象物の工事責任者
3　当該消防用設備等の工事を行った消防設備士
4　当該消防用設備等の点検を行った消防設備士

甲種 問4　**乙種 問4**

　消防用設備等は定期的に点検し、一定の期間ごとに消防長又は消防署長に報告しなければならないが、その期間として、消防法令上、正しいものは次のうちどれか。

1　地下街 ………………………… 1年に1回
2　重要文化財建造物 ………… 1年に1回
3　ホテル ………………………… 6か月に1回
4　小学校 ………………………… 6か月に1回

甲種 問5　**乙種 問5**

　消防用設備等の点検について、正しいものは次のうちどれか。

1　消防用設備等を設置した物件の関係者は、定期に点検し消防長に報告する義務がある。
2　消防用設備等を設置した300 ㎡以上の特定防火対象物のみ、その関係者は定期に点検し消防長に報告する義務がある。
3　消防用設備等を設置した1,000 ㎡以上の防火対象物のみ、その関係者は定期に点検し消防長に報告する義務がある。
4　消防用設備等を設置した1,000 ㎡以上の特定防火対象物のみ、その関係者は定期に点検し消防長に報告する義務がある。

消防設備士の業務内容で、正しいものは次のうちどれか。

1　消防長に消防用設備等の着工届を提出する。
2　消防用設備等の設置工事完了後4日以内に消防長に設置届を提出する。
3　消防長に定期に消防用設備等の点検報告を行う。
4　消防長に消防用設備等の不備事項を報告する。

甲種 問7

消防用設備等の技術上の基準に関する政令が改正され、改正後の規定に適合しない場合に従前の規定を適用していいものは、次のうちどれか。

1　消火器
2　非常警報設備
3　避難器具
4　屋内消火栓

甲種 問8

検定対象機械器具等は、次のうちどれか。

1　消防用ホース
2　住宅用防災警報器
3　エアゾール式簡易消火具
4　漏電火災警報器

第4回

[筆記]

消防関係法令（法令類別）

甲種 問9 ・ 乙種 問7

自動火災報知設備を設置しなければならない防火対象物は次のうちどれか。ただし、地階、無窓階、3階以上の階、特定1階段等防火対象物には該当しない。

1　200 m² の物販店舗
2　250 m² のダンスホール
3　300 m² の図書館
4　1,000 m² の神社

甲種 問10 ・ 乙種 問8

次の防火対象物の部分で、煙感知器を設ける必要のないものはどれか。

1　幼稚園の廊下
2　保育園の階段
3　中学校の階段
4　小学校の廊下

自動火災報知設備の地区音響装置の設置について、正しいものは次のうちどれか。

1 音圧は 1m 離れた位置で、70 dB 以上でなければならない。

2 地階を除く階数が 5 以上で、延べ面積が 3,000 m² を超える防火対象物では一斉鳴動のみとする。

3 各階ごとにその階の各部分から、1 の地区音響装置までの水平距離が 20m 以下となるように設ける。

4 1 の防火対象物に 2 以上の受信機が設けられているときは、いずれの受信機からも鳴動させることができるものであること。

差動式スポット型感知器 2 種の設置について、正しいものは次のうちどれか。

1 取付面の高さを床面から 8 m とした。

2 感知器の下端は取付面の下方 0.5 m とした。

3 取付面から 0.5 m 突出したはりによって囲まれた部分を 1 つの感知区域とした。

4 感知器を 50 度傾斜させて設置した。

第4回

［筆記］

甲種 問 13

　消防機関へ通報する火災報知設備について、誤っているものは次のうちどれか。

1　発信の際、火災通報装置が接続されている電話回線が使用中であった場合には、強制的に発信可能の状態にすることができる。
2　特定火災通報装置には、特定火災通報装置である旨を表示すること。
3　令別表第一（5）項イの施設については消防機関へ常時通報することができる電話を設置した場合、消防機関へ通報する火災報知設備の設置を省略できる。
4　令別表第一（6）項ロの施設については自動火災報知設備と連動して起動させる必要がある。

甲種 問 14

　天井の高さが 16 m の場合、設置できる感知器は次のうちどれか。

1　赤外線式スポット型感知器
2　差動式分布型感知器 1 種
3　イオン化式スポット型感知器 2 種
4　光電式分離型感知器 2 種

甲種 問 15

　自動火災報知設備の感知器の設置に関する記述で、誤っているものは次のうちどれか。

1　差動式スポット型感知器の下端は、取付け面の下方 0.3 m 以内の位置に設置すること。
2　差動式分布型感知器（空気管式）の空気管の露出長は、1 感知区域ごとに 30 m 以上とすること。
3　煙感知器（光電式分離型を除く）の下端は、取付け面の下方 0.6 m 以内の位置に設置すること。
4　光電式分離型感知器の取付けは、感知器の光軸と平行する壁から 0.6 m 以上離れた位置となるように設置する。

甲種 問 16　乙種 問 11

ゼーベック効果の記述として、正しいものは次のうちどれか。

1　2種類の異なった金属の両端を接続した閉回路において、それぞれの接続点に電圧を加えると電流が流れる。
2　2種類の異なった金属の両端を接続した閉回路において、それぞれの接続点の温度を異なる値にすると起電力が生じる。
3　異種金属の接合点に電圧差を与えると熱起電力が生じる。
4　異種金属の接合点に圧力差を与えると電流が流れる。

甲種 問 17　乙種 問 12

静電容量 $2\mu F$ と $3\mu F$ のコンデンサを並列に接続した場合の合成静電容量として、正しいものは次のうちどれか。

1　1.2 μF
2　1.8 μF
3　5.0 μF
4　8.0 μF

第4回

[筆記]

次の図の 10 Ω の抵抗に 1A の電流が流れているとき、5 Ω の抵抗に流れている電流として、正しいものは次のうちどれか。

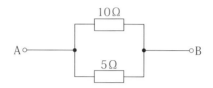

1 0.5A
2 1.0A
3 1.5A
4 2.0A

次の指示電気計器において、直流及び交流で用いられるものはどれか。

1 可動コイル形
2 可動鉄片形
3 誘導形
4 電流力計形

1 次側の巻数 500 回、2 次側の巻数 1,500 回の理想変圧器において、1 次側が 12A のとき 2 次側は何 A か、次のうちから正しいものを選べ。

1   4 A
2   8 A
3 12 A
4 16 A

甲種 問21

交流回路において、負荷を容量リアクタンスとした場合の電流と電圧の関係について、正しいものは次のうちどれか。

1 電流は電圧より位相が $\frac{1}{4}$ 周期遅れる。

2 電流は電圧より位相が $\frac{1}{2}$ 周期遅れる。

3 電流は電圧より位相が $\frac{1}{4}$ 周期進む。

4 電流は電圧より位相が $\frac{1}{2}$ 周期進む。

甲種 問22

静電容量の単位として、正しいものは次のうちどれか。

1 ワット秒
2 ジュール
3 ファラド
4 ヘンリー

甲種 問23

コイルの中に磁石を入れたときの反応で、誤っているものは次のうちどれか。

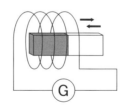

1 磁石をコイルの中で動かすと、検流計Gの指針が振れ、動かすのをやめると指針はゼロを指す。
2 磁石を動かす速度を変化させると、検流計Gの指針の振れ幅が変化する。
3 磁石を固定し、コイルを磁石に近付けたり遠ざけたりすると、検流計Gの指針が振れ、動かすのをやめると指針はゼロを指す。
4 磁石をコイルの中へ出すときと入れるときでは同じ方向に検流計の指針が振れる。

A － D 間に 12 V の電圧をかけたとき、B － C 間の電圧は何 V か。

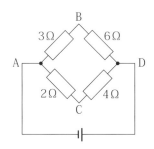

1 0 V
2 1 V
3 2 V
4 4 V

皮相電力と有効電力の関係について、誤っているものは次のうちどれか。

1 皮相電力は回路電圧と電流の積であり、単位は［VA］である。
2 有効電力は皮相電力と力率の積である。
3 位相のずれがないとき、電力は電圧と電流の積である。
4 電圧と電流の位相のずれが $\frac{\pi}{4}$［rad］であるとき、有効電力はゼロになる。

甲種 問 26　乙種 問 16

$10^6\Omega$ を超える抵抗を測定する方法や計器として、適切なものは次のうちどれか。

1　ホイートストンブリッジ法
2　電位差計法
3　絶縁抵抗計
4　接地抵抗計

甲種 問 27　乙種 問 17

以下の区分鳴動方式の地区音響設備を備える防火対象物（3,000 m² を超える）において、出火階と地区音響装置の鳴動階の組合せとして、正しいものは次のうちどれか。

◎　出火階　　　○　鳴動階

	1
5F	
4F	
3F	
2F	◎○
1F	○
B1	○

	2
5F	
4F	○
3F	◎○
2F	○
1F	
B1	

	3
5F	
4F	
3F	
2F	○
1F	◎○
B1	○

	4
5F	◎○
4F	○
3F	
2F	
1F	
B1	

第4回

［筆記］

　　　　　内に当てはまる語句の組合せとして、正しいものは次のうちどれか。

「アナログ式自動火災報知設備は、　ア　の感知器の周囲の温度又は煙濃度の火災信号を、共通の電路を使用して受信機又は中継器に送り、　イ　と　ウ　を行う機能及びその経過を記憶する機能を有している。」

	（ ア ）	（ イ ）	（ ウ ）
1	1 中継器ごと	火災情報信号	他の中継器への発信
2	1 つずつ	注意表示	火災表示
3	複数	火災表示	受信機への発信
4	1 警戒区域ごと	火災表示	火災情報表示

　感知器とその感知器で行う試験の組合せで、誤っているものはどれか。

1　イオン化式スポット型感知器 ·················· 接点水高試験
2　差動式分布型（空気管式）感知器 ············ 流通試験
3　定温式感知線型感知器 ···························· 回路試験
4　差動式分布型（空気管式）感知器 ············ リーク抵抗試験

　光電式分離型感知器の設置について、誤っているものは次のうちどれか。

1　感知器の光軸の中心から壁までは 7.0 m 以内とする。
2　感知器の送光部及び受光部は、その背部の壁から 1.0 m 以内の位置に設ける。
3　感知器の光軸が並行する壁から 0.6 m 以上離れた位置に設ける。
4　感知器の光軸の高さが天井等の高さの 70％以上となるように設ける。

定温式スポット型感知器を設置する場所で、正しいものは次のうちどれか。

1　感知器の下端は、取付面の下方 0.3 m 以内とする。
2　感知器の下端は、取付面の下方 0.5 m 以内とする。
3　感知器の下端は、取付面の下方 0.6 m 以内とする。
4　感知器の下端は、取付面の下方 0.8 m 以内とする。

発信機の設置について、誤っているものは次のうちどれか。

1　R 型受信機を設置したので、P 型 1 級発信機を設けた。
2　子供のいたずらが多い場所なので、発信機を床面から 1.5 m の位置に取り付けた。
3　近くに誘導灯があったので、発信機の表示灯を省略した。
4　発信機間の距離を、歩行距離 50 m で取り付けた。

次の作業を行った後に行う試験として、誤っているものは次のうちどれか。

1　定温式スポット型感知器を交換したので作動試験を行った。
2　回路の断線を直した後に導通試験を行った。
3　空気管のつぶれを直した後に流通試験を行った。
4　リーク孔のつまりを掃除した後に同時作動試験を行った。

第4回

[筆記]

煙感知器について、誤っているものは次のうちどれか。

1 煙感知器は、イオン化式、光電式、煙複合式、光電アナログ式、紫外線式、
　赤外線式があり、イオン化式と光電式は、非蓄積型と蓄積型がある。
2 光電式分離型の公称監視距離は、5 m 以上 100 m 以下で 5 m 刻みである。
3 イオン化式スポット型感知器は、煙によるイオン電流の変化を利用して
　いる。
4 光電式スポット型感知器は、煙によって光電素子の受光量が変化するこ
　とを利用している。

甲種 問 35

煙感知器を取り付ける場合について、誤っているものは次のうちどれか。

1 天井の低い居室にあっては、感知器を入口付近に取り付ける。
2 感知器を壁又ははりから 0.6 m 以上離す。
3 天井付近に吸気口がある場合、その吸気口付近に取り付ける。
4 廊下や通路に設ける場合、3 種は歩行距離 30 m につき 1 個以上設ける。

甲種 問 36

非常電源の耐火配線工事として、適切でないものは次のうちどれか。

1 600V 2 種ビニル絶縁電線を金属管に収め、居室に面した壁体に露出配線
　した。
2 クロロプレン外装ケーブルを金属管に収め、耐火構造とした主要構造部
　の深さ 10 mm のところに埋設した。
3 アルミ被覆ケーブルを金属管に収め、耐火構造とした主要構造部の深さ
　10 mm のところに埋設した。
4 MI ケーブルで壁体に露出配線した。

電気機器を設置する鉄台の接地抵抗を測定する際、電気機器の電源を切ることになっている理由は、次のうちどれか。

1 測定器が故障する可能性があるため。
2 絶縁物が劣化していた場合に感電するおそれがあるため。
3 測定値の誤差が大きくなるため。
4 電気機器が故障する可能性があるため。

甲種 問 38 **乙種 問 25**

自動火災報知設備又はガス漏れ火災警報設備の受信機に設ける音響装置の構造及び機能について、規格省令上、誤っているものは次のうちどれか。

1 定格電圧の 70％の電圧で音響を発すること。
2 定格電圧で連続 8 時間鳴動した場合、構造又は機能に異常を生じないこと。
3 充電部と非充電部との間の絶縁抵抗は、直流 500 V の絶縁抵抗計で測定した値が 5 MΩ 以上であること。
4 定格電圧における音圧は、無響室で音響装置の中心から前方 1 m での測定値が、火災報知設備に設けるものにあっては 85 dB（P 型 3 級に設けるものは 70 dB）以上、その他のものにあっては 70 dB 以上であること。

甲種 問 39 **乙種 問 26**

定温式スポット型感知器の作動について、規格省令上、正しいものは次のうちどれか。

1 周囲温度の上昇率が一定の率以上になったときに火災信号を発信するもので、一局所の熱効果により作動するもの。
2 周囲温度の上昇率が一定の率以上になったときに火災信号を発信するもので、広範囲の熱効果により作動するもの。
3 一局所の周囲の温度が一定の温度以上になったときに火災信号を発信するもので、外観が電線状のもの。
4 一局所の周囲の温度が一定の温度以上になったときに火災信号を発信するもので、外観が電線状以外のもの。

定温式感知器の公称作動温度について、□□□内に当てはまる正しい組合せは次のうちはどれか。

「公称作動温度は 60℃以上 150℃以下とし、60℃以上 80℃以下のものは □ ア □ ℃刻み、80℃を超えるものは □ イ □ ℃刻みとする。」

	ア	イ
1	2	10
2	2	15
3	5	10
4	5	15

P型2級発信機の規格について、正しいものは次のうちどれか。

1　外箱の色は、赤色であること。
2　外箱の外面は、その 50%以上を赤色仕上げとする。
3　外箱の外面は、その 25%以上を赤色仕上げとする。
4　特に指定はない。

光電式スポット型感知器の虫の侵入防止のための措置について、正しいものは次のうちどれか。

1　目開き 1 mm 以下の網を用いる。
2　目開き 1 mm 未満の網を用いる。
3　1 mm 以下のスリットを用いる。
4　1 mm 未満のスリットを用いる。

無線式感知器の機能で、誤っているものは次のうちどれか。

1 火災発生を感知した感知器の無線設備が火災信号を受信してから発信するまでの所要時間は 10 秒以内である。
2 無線設備の発信状態を伝える信号を 168 時間以内ごとに自動的に受信機に発信できる装置を設ける。
3 火災信号の発信を容易に確認することができる装置を設ける。
4 電源に電池を用いるものにあっては電池の交換が容易にできる。

甲種 問 44

発信機の周囲温度試験の範囲で、正しいものは次のうちどれか。

1 屋外型発信機 ……… 零下 20 度以上 60 度以下
2 屋外型発信機 ……… 零下 20 度以上 60 度未満
3 屋内型発信機 ……… 零下 10 度以上 50 度以下
4 屋内型発信機 ……… 零下 10 度以上 50 度未満

甲種 問 45

P 型 1 級及び 2 級発信機の構造と機能の説明で、誤っているものは次のうちどれか。

1 火災信号は押しボタンスイッチを押すことにより伝達される。
2 押しボタンスイッチはその前方に保護板を設ける。
3 保護板は透明な無機ガラスを用いる。
4 保護板は中央部直径 20 mm 円内に 20 ニュートンの静荷重を加えた場合、押し破られることなく 80 ニュートンの静荷重で押し破られる。

鑑別等試験

甲種 5 問
乙種 5 問

甲種 問1　乙種 問1

A、B の名称はそれぞれ何か、次の語群から選び、記号で答えなさい。

A

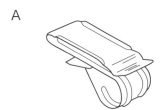

B

（ア）銅管スリーブ　（イ）マノメータ　（ウ）ステップル	
（エ）クリップ　　　（オ）ブッシング　（カ）キャップ	
（キ）サドル　　　　（ク）銅管端子	

解答欄

	記　　号
A	
B	

次のそれぞれの試験器で試験を行う感知器の名称を1つ答えなさい。

A

B

C

D

解答欄

	名　　称
A	
B	
C	
D	

次の感知器について、各設問に答えなさい。

1　この感知器の取付位置は、天井から何 m 以内か答えなさい。

解答欄

設問 1	m 以内

2　この感知器の公称作動温度が 60℃であるとき、周囲の最高温度は何℃まで使用可能か答えなさい。

解答欄

設問 2	℃

次の写真はP型1級受信機である。感知器が発報した場合の受信機の動作を答えなさい。

解答欄

次の図のようにP型2級受信機を設置した。P型2級受信機で導通試験を行う場合の手順と、復旧の手順を答えなさい。

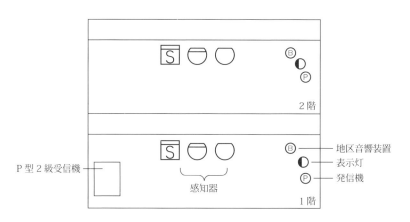

P型2級受信機

感知器

地区音響装置
表示灯
発信機

2階
1階

解答欄

試験	
復旧	

第4回
[実技]

甲種 問 1

　次頁の図は消令別表第 1 （15）項に該当する地上 4 階建ての 2 階部分である。条件に基づき、設計図を完成させなさい。

条件

1. 主要構造部は耐火構造であり、無窓階に該当する。
2. 天井の高さは、倉庫 A は 4.5m、倉庫 B は 4.2m、それ以外の部分は 3.8m とする。
3. 倉庫 A のはりは 0.6m 突き出している。倉庫 B のはりは 0.3m 突き出している。
4. 階段は別の階に設置した感知器で警戒している。
5. 煙感知器は、これを設けなければならない場所のみに設置する。
6. 感知器の設置は、必要最少個数とする。
7. 終端抵抗は発信機に取り付ける。

凡　　　例		
記　　号	名　　　称	備　　考
▭	機　器　収　容　箱	露出型　　　　Ⓑ◖Ⓟ収容
Ⓑ	電　　　　　　鈴	DC24V
◖	表　　示　　灯	24V
Ⓟ	発　　信　　機	P型1級
▭	差動式スポット型感知器	2種
◠	定温式スポット型感知器	特種　　　　　60℃
◑	定温式スポット型感知器	1種　防水型　70℃
Ⓢ	光電式スポット型感知器	2種　露出型
Ω	終　　端　　器	
─////─	配　管　配　線	4本
⌀↗ ↙○	配　管　配　線	立上がり・引下げ
─・─	警　戒　区　域　線	

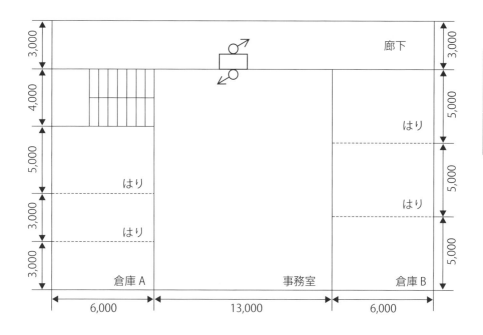

次の図面は、常時閉路式のガス漏れ火災警報設備の図面である。①〜⑥に必要な電線本数を記入しなさい。

記　号	名　称
G	ガス漏れ検知器
（中継器記号）	中継器
△	ガス漏れ警戒番号

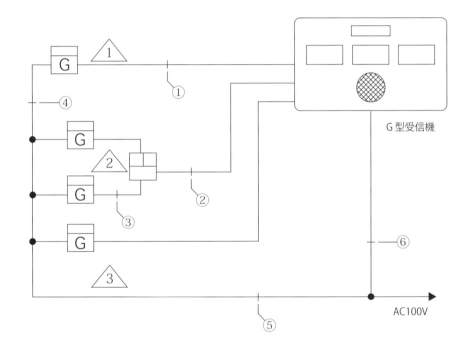

G型受信機

AC100V

解答欄

①	②	③	④	⑤	⑥

第5回

消防設備士試験
4類[甲種・乙種]問題

	試 験 科 目		甲 種	乙 種
筆 記	消防関係法令	法令共通	8 問	6 問
		法令類別	7 問	4 問
	基礎的知識	機械又は電気	10 問	5 問
	構造・機能等	機械又は電気	12 問	9 問
		規 格	8 問	6 問
	合 計		45 問	30 問
実 技	鑑別等		5 問	5 問
	製 図		2 問	――
	合 計		7 問	5 問

[解答時間]
　　甲種　3時間15分
　　乙種　1時間45分（乙種マークのみ）

■第5回消防設備士試験の甲種問7、問13〜問15、問21〜問25、問35〜問36、問44〜問45は、乙種にも出題される可能性がある参考問題です。乙種受験の方も練習問題として解いてみてください。

※筆記の解答は、次ページ（128ページ）にある解答カード（解答用紙）に記入しましょう。解答カードはコピーして利用しましょう。
※実技は、問題用紙に解答欄がありますので、直接記入するか、別紙に書き出して利用しましょう。

◆ 解答用紙は 141％に拡大コピーしてお使いください。

第5回　甲種［筆記］　解答カード

正解一覧
別冊2 P.159

設
解答カード

甲
四・五

消防関係法令

問1	問2	問3	問4	問5	問6	問7	問8	問9	問10	問11	問12	問13	問14	問15

法令共通　　法令類別

基礎的知識

問16	問17	問18	問19	問20	問21	問22	問23	問24	問25

機械又は電気

試験日　月　日
受験地
氏名

試験種類	受験番号
第4類	
第5類	

構造機能等

問26	問27	問28	問29	問30	問31	問32	問33	問34	問35	問36	問37	問38	問39	問40	問41	問42	問43	問44	問45

機械又は電気　　　規格

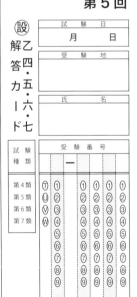

甲種［筆記］合格基準

試験科目	正解数	合格基準
消防関係法令	問	6問/15問
基礎的知識	問	4問/10問
構造・機能等	問	8問/20問
合計	問	27問/45問

※筆記試験は、各試験科目において 40％以上、全体の出題数の 60％以上が合格基準となります。

第5回　乙種［筆記］　解答カード

正解一覧
別冊2 P.159

設
解答カード

乙
四・五・六・七

消防関係法令

問1	問2	問3	問4	問5	問6	問7	問8	問9	問10

法令共通　　法令類別

基礎的知識

問11	問12	問13	問14	問15

機械又は電気

試験日　月　日
受験地
氏名

試験種類	受験番号
第4類	
第5類	
第6類	
第7類	

構造機能等

問16	問17	問18	問19	問20	問21	問22	問23	問24	問25	問26	問27	問28	問29	問30

機械又は電気　　　規格

乙種［筆記］合格基準

試験科目	正解数	合格基準
消防関係法令	問	4問/10問
基礎的知識	問	2問/5問
構造・機能等	問	6問/15問
合計	問	18問/30問

※筆記試験は、各試験科目において 40％以上、全体の出題数の 60％以上が合格基準となります。

消防関係法令(法令共通)

甲種 問1 　乙種 問1

消防用設備等を設置しなければならない防火対象物に関する説明で、正しいものは次のうちどれか。

1　防火対象物が耐火構造の床で区画され、かつ階を異にする場合、その区画された部分を別の防火対象物とみなして、消防用設備等の設置基準を適用することができる。
2　複合用途防火対象物は、開口部がなく、耐火構造の床又は壁で区画され、それぞれの用途の防火対象物の集合した建築物である。
3　複合用途防火対象物において、すべての消防用設備は、それぞれ用途区分ごとに適応するものを設置しなければならない。
4　複合用途防火対象物は、政令で定める用途が2以上ある防火対象物である。

甲種 問2 　乙種 問2

消防設備士免状について、正しいものは次のうちどれか。

1　消防設備士免状の交付を受けた都道府県以外で業務を行う場合、当該都道府県で免状の書換えを行わないと業務はできない。
2　免状の返納を命ぜられ、1年を経過しない者は、試験に合格しても当該都道府県知事は免状の交付を行わないことができる。
3　免状を亡失した場合、10日以内に交付を受けた都道府県知事に届け出なければならない。
4　免状の記載事項に変更を生じたときは、当該免状を交付した都道府県に限り書換えを申請できる。

▶▶ 正解・解説　別冊2 P.100

次の特定防火対象物において、消防設備士又は消防設備点検資格者に点検させなければならない防火対象物はいくつあるか。ただし、消防長又は消防署長の指定するものを除く。

（a）300 m²　（b）500 m²　（c）1,000 m²　（d）1,500 m²　（e）2,000 m²

1　1つ
2　2つ
3　3つ
4　4つ

消防法でいう既存防火対象物については、改正された政令等に従わなくてもよいという特例があるが、当該防火対象物で、この特例を除外される一定規模以上の増築又は改築の床面積の合計で、正しいものは次のうちどれか。

1　延べ面積の 1/3 以上、かつ 1,000 m² 以上の増築又は改築
2　延べ面積の 1/3 以上、又は 1,000 m² 以上の増築又は改築
3　延べ面積の 1/2 以上、かつ 1,000 m² 以上の増築又は改築
4　延べ面積の 1/2 以上、又は 1,000 m² 以上の増築又は改築

消防設備士について、正しいものは次のうちどれか。

1　乙種消防設備士は、消防用設備等のすべての種類の工事及び整備を行うことができる。
2　乙種消防設備士は、消防設備士免状に指定された消防用設備等の整備のみを行うことができる。
3　甲種消防設備士は、消防設備士免状に指定された消防用設備等の工事のみを行うことができる。
4　甲種消防設備士は、消防設備士免状に指定された消防用設備等の整備のみを行うことができる。

消防設備士制度に関する記述で、誤っているものは次のうちどれか。

1 消防設備士の免状は、日本全国どこでも有効である。
2 消防設備士の免状の交付を受けた日以後における最初の4月1日から3年以内に、初めての講習を受けなければならない。
3 免状を亡失しても消防設備士の資格を失うことはない。
4 甲種消防設備士が整備を行うときは、消防設備士の免状の携帯義務がある。

防火対象物の増築又は改築において、消防用設備等の技術基準が遡及して適用される必要がある防火対象物の増築又は改築の基準となる床面積の合計は、次のうちどれか。

1 700 m² 以上
2 1,200 m² 以上
3 500 m² 以上
4 1,000 m² 以上

着工届が必要なものは、次のうちどれか。

1 連結送水管
2 非常警報設備
3 救助袋
4 誘導灯

第5回

［筆記］

消防関係法令（法令類別）

甲種 問9　乙種 問7

　自動火災報知設備の設置及び維持に関して、　　　　内に当てはまる語句の組合せとして、正しいものは次のうちどれか。

「1の警戒区域の面積は、　A　m² 以下とし、その一辺の長さは　B　m以下とすること。ただし、当該防火対象物の主要な出入口からその内部を見通すことができる場合にあっては、その面積を　C　m² 以下とすることができる。」

	A	B	C
1	200	30	500
2	800	80	1,000
3	600	50	1,000
4	1,000	100	2,000

甲種 問10　乙種 問8

　感知器を設けなくてよい場所は、次のうちどれか。

1　特定主要構造部を耐火構造とした建築物の天井裏
2　特定主要構造部を耐火構造以外とした天井裏で、天井と上階の床の距離が 0.6 m の場所
3　感知器の取付面の高さが 18 m 以上の場所
4　図書館のパイプダクト

自動火災報知設備を設置しなければならない場所は、次のうちどれか。

1　200 m² の遊技場
2　350 m² のスーパーマーケット
3　900 m² の神社
4　250 m² の劇場

煙感知器の設置について、誤っているものは次のうちどれか。

1　エレベーターの昇降路の部分には煙感知器を設置しなければならない。
2　リネンシュートやパイプダクトの部分には煙感知器を設置しなければならない。
3　工場の階段や傾斜路には煙感知器を設置しなくてもよい。
4　小学校の地上階の廊下には煙感知器を設置しなくてもよい。

ガス漏れ火災警報設備を設置する必要がある防火対象物は、次のうちどれか。

1　地上 3 階建ての延べ面積 3,000 m² の共同住宅
2　地上 11 階建ての延べ面積 5,000 m² の百貨店
3　延べ面積 1,000 m² の地下街
4　延べ面積 1,000 m² の内、特定用途部分が 300 m² の準地下街

第5回

[筆記]

　火災通報装置の起動を、自動火災報知設備の火災信号と連動して自動的に行う必要がない物件は、次のうちどれか。

1　老人短期入所施設
2　乳児院
3　障害者支援施設（避難が困難な障害者等を主として入所させるもの）
4　身体障害者福祉センター

　火災通報装置の設置が緩和されないものは、次のうちどれか。

1　消防機関から著しく離れた場所にある延べ面積 2,000 m² の山小屋
2　消防機関から歩行距離が 500 m の場所にある延べ面積 500 m² の映画館
3　特定診療科及び一般病床を有し、消防機関から歩行距離が 500 m の場所にある延べ面積 500 m² の病院
4　消防機関から歩行距離が 500 m の場所にある延べ面積 500 m² の飲食店

甲種 問 16 　乙種 問 11

　同一材料の電線の長さを A 倍、直径を B 倍としたとき、電線の抵抗の大きさは何倍になるか。

1 　AB 倍

2 　$\dfrac{A}{B}$ 倍

3 　$\dfrac{B}{A^2}$ 倍

4 　$\dfrac{A}{B^2}$ 倍

甲種 問 17 　乙種 問 12

　次図の回路で A － B 間の合成抵抗値は次のうちどれか。

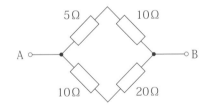

1 　10 Ω
2 　15 Ω
3 　45 Ω
4 　50 Ω

▶▶ 正解・解説　別冊 2 P.108 ～ P.110

第5回

[筆記]

電荷に関するクーロンの法則の説明として、正しいものは次のうちどれか。

1 2つの荷電粒子の間に働く力は、それぞれの粒子の電荷量の和に比例する。
2 2つの荷電粒子の間に働く力は、それぞれの粒子の電荷量の差に比例する。
3 2つの荷電粒子の間に働く力は、粒子間の距離に反比例する。
4 2つの荷電粒子の間に働く力は、粒子間の距離の2乗に反比例する。

電圧の測定範囲を拡大するための抵抗に関して、□□□内に当てはまる語句の組合せのうち、正しいものは次のうちどれか。

「電圧計に ア を イ に接続する。」

1 ア 倍率器 イ 直列
2 ア 分流器 イ 直列
3 ア 倍率器 イ 並列
4 ア 分流器 イ 並列

抵抗 R〔Ω〕、電圧 V〔V〕、電流 I〔A〕とするとき、電力 P を表す式で、誤っているものは次のうちどれか。

1 $P = RI^2$

2 $P = \dfrac{V^2}{R}$

3 $P = VI$

4 $P = \dfrac{I}{V^2}$

電流と磁極の説明で、誤っているものは次のうちどれか。

1 磁石のN極とS極を近づけると引き合う力が働き、N極とN極を近づけると反発力が働く。この力のことを磁力という。
2 磁極の強さの単位は、[Wb] である。
3 磁界中の導体に電流を流すと、導体には力が働く。この力のことを電磁力という。
4 鉄片に磁石を近づけると、鉄片は磁石にくっつく。この現象のことを電磁誘導という。

甲種 問22

6 μFと12 μFのコンデンサを直列に接続したときの合成静電容量として、正しいものは次のうちどれか。

1 4 μF
2 6 μF
3 12 μF
4 18 μF

甲種 問23

3 Ωの抵抗に4 Ωのリアクタンスを直列に接続した回路の力率として、正しいものは次のうちどれか。

1 0.2
2 0.4
3 0.6
4 0.8

　消費電力 900 W の負荷を 100 V の交流電流に接続したところ、12 A の電流が流れた。この場合の負荷の力率で、正しいものは次のうちどれか。

1　65%
2　75%
3　85%
4　95%

　1次巻線と2次巻線の巻数比が3：1の変圧器がある。次の記述のうち、正しいものはどれか。

1　2次側の電圧が3倍になる。
2　2次側の電流が3倍になる。
3　1次側の電力が3倍になる。
4　1次側の電力が $\dfrac{1}{3}$ になる。

甲種 問 26 ｜ 乙種 問 16

差動式分布型（空気管式）感知器で、リーク抵抗が小さくなるとどうなるか。

1 非火災報の原因となる。
2 何も変わらない。
3 遅報の原因となる。
4 接点水高値が低くなる。

甲種 問 27 ｜ 乙種 問 17

感知器の設置する場所として、正しいものは次のうちどれか。

1 差動式スポット型感知器を 12 m の位置に設置
2 補償式スポット型感知器を 18 m の位置に設置
3 炎感知器を 22 m の位置に設置
4 光電式スポット型感知器の 3 種を 8 m の位置に設置

甲種 問 28 ｜ 乙種 問 18

ガス検知器に使われていない検知方式は、次のうちどれか。

1 熱電対式
2 半導体式
3 接触燃焼式
4 気体熱伝導度式

第5回

［筆記］

感知器の取付工事の場合について、誤っているものは次のうちどれか。

1　光電式スポット型感知器を取付面の下方 0.4 m の位置に設ける。
2　差動式スポット型感知器 2 種を取付面の下方 0.6 m 以内の位置に設ける。
3　定温式スポット型感知器は 45 度以上傾斜させないように設ける。
4　差動式分布型の検出部は 5 度以上傾斜させないように取り付ける。

P 型 2 級受信機（1 回線）について、設置できる面積で最大のものは、次のうちどれか。

1　150 m²
2　250 m²
3　300 m²
4　350 m²

ガス漏れ検知器の検知方式について、正しいものは次のうちどれか。

1　イオン電流を検知することで作動する。
2　熱電対による起電力を利用する。
3　半導体の抵抗値がガスに対して変化する。
4　感知線による感知部の変化を利用する。

甲種 問 32　乙種 問 22

地区音響装置についての説明で、正しいものは次のうちどれか。

1　カラオケボックスで、室内又は室外の音響が聞き取りにくい場所に設ける場合、騒音と明らかに区別できるよう措置されなければならない。
2　インターネットカフェで遊興のためのヘッドホンを客に利用させる個室にあっては、個室において、警報音が確実に聞き取ることができるよう1 m 離れた位置で 92 dB 以上の音響警報装置を設けなければならない。
3　事務所に音声による地区音響装置を設ける場合はその階の各部分から地区音響装置までの水平距離は 20 m 以下とする。
4　一の防火対象物に二の受信機が設けられているときは受信機ごとに鳴動させる必要がある。

甲種 問 33　乙種 問 23

P 型 1 級 5 回線受信機で導通試験を行ったところ、第 1 回線の断線を確認した。その状態での受信機動作等に関する説明で、正しいものはどれか。ただし受信機は正常である。

1　原因は第 1 回線に接続されている感知器の故障である。
2　第 1 回線に接続されている感知器の作動は全て不可能である。
3　第 1 回線に接続されている発信機のボタンを押すと正常に動作する。
4　受信機で第 1 回線の火災表示試験を行っても動作しない。

甲種 問 34　乙種 問 24

P 型 1 級受信機の共通線試験の実施にあたって行う試験は、次のうちどれか。

1　火災表示試験
2　導通試験
3　予備電池試験
4　同時作動試験

R型受信機を用いた自動火災報知設備の発信機の設置について、正しいものは次のうちどれか。

1 非常電話が必要な部分にはP型2級の発信機を設置した。
2 発信機の押しボタンにより屋内消火栓のポンプを起動するようにした。
3 押しボタンの位置を床面から 0.7 m とした。
4 各階ごとに、階の各部分から一の発信機までの歩行距離が 60 m 以内とした。

P型2級受信機の感知器回路の末端にP型2級発信機または押しボタンスイッチを設ける理由として、もっとも正しいものは次のうちどれか。

1 感知器の脱落監視
2 感知器回路の共通線の確認
3 火災表示試験
4 感知器回路導通試験

ガス漏れ検知器の設置について、誤っているものは次のうちどれか。

1 検知対象ガスの空気に対する比重が 1 未満のため、燃焼器等から水平距離 5m の壁面に検知器を設置した。
2 検知対象ガスの空気に対する比重が 1 未満のため、天井面から 0.7 m 突出しているはりより燃焼器側の天井に検知器を設置した。
3 検知対象ガスの空気に対する比重が 1 を超えるため、燃焼器から 5 m の壁面に検知器を設置した。
4 検知対象ガスの空気に対する比重が 1 を超えるため、検知器の上端を床面の上方 0.3 m 以内となるよう設置した。

甲種 問 38 乙種 問 25

　受信機で「火災信号、火災表示信号若しくは火災情報信号を固有の信号として又は設備作動信号を共通若しくは固有の信号として受信し、火災の発生を防火対象物の関係者に報知するもの」は次のうちどれか。

1　P 型受信機
2　R 型受信機
3　M 型受信機
4　T 型受信機

甲種 問 39 乙種 問 26

　P 型受信機と G 型受信機の設置で、誤っているものは次のうちどれか。

1　P 型 1 級受信機の回線数が 1 のものは、火災灯を設けなくてもよい。
2　P 型 1 級受信機の回線数が 1 のものは、地区音響装置に接続できる装置をもたなくてもよい。
3　P 型 1 級受信機の回線数が 1 のものは、地区表示灯を設けなくてもよい。
4　G 型受信機で回線数が 1 のものは、ガス漏れの地区表示灯を設けなくてもよい。

第5回

[筆記]

　自動試験機能を有する自動火災報知設備について、規格省令上、誤っているものは次のうちどれか。

1　自動試験機能等の制御機能に係る作動条件値は、設計範囲外に設定できないものとする。
2　自動試験機能等の制御機能に係る作動条件値は、環境の変化に対応させるため容易に変更できる。
3　自動試験機能等の制御機能に係る作動条件値を変更できるものは、設定値を確認できるものとする。
4　自動試験機能の試験中にほかの警戒区域から火災信号、火災表示信号又は火災情報信号を的確に受信する。

　Ｐ型２級発信機の構造・機能について、誤っているものは次のうちどれか。

1　保護板は容易に押し破れるか、押し外せなければならない。
2　押しボタンが押されたときに火災信号を送るものであること。
3　押しボタンの保護板は、有機ガラス又は無機ガラスであること。
4　外箱の色は赤色であること。

　検知器、受信機又は他の中継器から電力を供給される方式の中継器について、規格省令上、定められていないものは次のうちどれか。

1　電力を供給する回路には、ヒューズ、ブレーカー等の保護装置を設けること。
2　定格電圧が 60 V を超える中継器の金属製外箱には、接地端子を設けること。
3　配線は、十分な電流容量を有し、かつ、接続が的確であること。
4　ガス漏れ火災警報設備の中継器は、予備電源を設けること。

非常電源における蓄電池設備の構造について、規格で定められていないものは次のうちどれか。

1　自動的に充電できるものであること。
2　充電電源電圧が定格電圧の±10％の範囲内で異常なく充電することができること。
3　過放電の防止装置を設けること。
4　出力電圧又は出力電流を測定できる電圧計又は電流計を設けること。

アナログ式受信機の火災情報信号の注意表示に達する信号を受信したときの表示及び作動について、規格省令上、定まっていないものは次のうちどれか。

1　注意灯の点灯
2　注意音響装置の鳴動
3　地区表示装置の点灯
4　地区音響装置の鳴動

自動火災報知設備の受信機について、規格省令上、誤っているものは次のうちどれか。

1　R型受信機（アナログ式受信機を除く）で、2回線以上の火災信号又は火災表示信号を同時に受信したとき、火災表示をすることができること。
2　P型2級受信機は、火災信号又は火災表示信号の受信開始から火災表示（地区音響装置の鳴動を除く）までの所要時間は2秒以内であること。
3　P型1級発信機を接続するP型1級受信機（接続することができる回線数が1のものを除く）にあっては、発信機からの火災信号の伝達に支障なく発信機との間で電話連絡をすることができること。
4　T型発信機を接続する受信機にあっては、2回線以上が同時に作動したとき、通信すべき発信機を任意に選択することができ、かつ、遮断された回線におけるT型発信機に話中音が流れるものであること。

第5回

［筆記］

鑑別等試験

甲種 問1　乙種 問1

次に示す工具の名称及び用途を答えなさい。

解答欄

名　　称	用　　途

甲種 問2　乙種 問2

次の感知器について、（　　）内に適当な語句を記入しなさい。

「この感知器の名称は（　A　）である。（　A　）は、周囲の空気が一定の濃度以上の（　B　）を含むにいたったときに（　C　）を発信する」

解答欄

A	B	C

次に示す感知器について、次の問に答えなさい。

1　この感知器の名称を答えなさい。

解答欄

設問 1

2　この感知器の設置場所として、誤っているものはどれか答えなさい。
　　ア　じんあい、微粉等が多量に滞留する場所
　　イ　火炎が露出するものが設けられている場所
　　ウ　天井高が 22m の場所
　　エ　道路の用に供される部分

解答欄

設問 2

3　この感知器を道路の用に供する部分以外に設ける場合、監視空間は、床面から何mか答えなさい。

解答欄

設問 3
m

第5回
[実技]

図中の配線で、耐火配線には◎、耐熱配線には○、一般配線には×を記入しなさい。なお、条件は以下に示す。

条件

1. 中継器には、予備電源が内蔵されている。
2. 発信機と連動して屋内消火栓ポンプを起動しない。

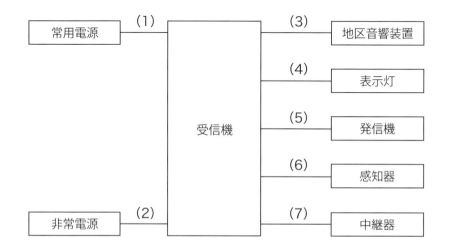

解答欄

(1)	(2)	(3)	(4)	(5)	(6)	(7)

P型2級受信機の火災表示試験を行うためのスイッチを、イ〜トから5つ選び答えなさい。

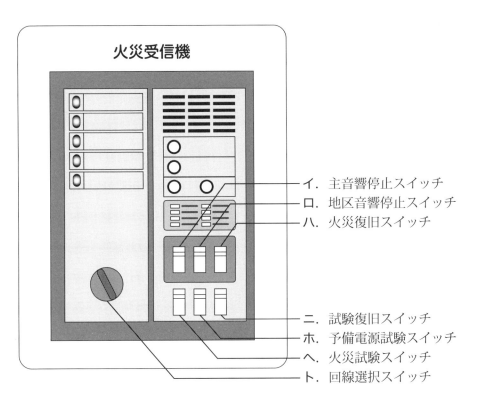

イ．主音響停止スイッチ
ロ．地区音響停止スイッチ
ハ．火災復旧スイッチ
ニ．試験復旧スイッチ
ホ．予備電源試験スイッチ
ヘ．火災試験スイッチ
ト．回線選択スイッチ

解答欄

使用するスイッチ				

第5回

[実技]

甲種 問1

　次頁の図は、消令別表1（4）項に該当する地上5階建ての防火対象物の地階平面図である。下記条件に基づき、自動火災報知設備の設備図を凡例記号を用いて完成させなさい。

条件

1. 主要構造部は耐火構造である。
2. 天井の高さは、4.1 m である。
3. 機器収容箱は階段脇の廊下に設置すること。
4. 終端抵抗は機器収容箱内に設けること。
5. 階段は別警戒とする。
6. 煙感知器は、これを設けなければならない場所のみに設置する。
7. 感知器の設置は、必要最少個数とする。

凡　　　　　例		
記　　号	名　　称	備　　考
☐	機　器　収　容　箱	露出型　　　　Ⓑ◖Ⓟ収容
Ⓑ	電　　　　　鈴	DC24V
◖	表　　示　　灯	24V
Ⓟ	発　　信　　機	P型1級
◯o	定温式スポット型感知器	特種　　　　　　　60℃
◯ex	定温式スポット型感知器	1種　防爆型　　60℃
◯	定温式スポット型感知器	1種　　　　　　100℃
Ⓢ	光電式スポット型感知器	2種　露出型
Ω	終　　端　　器	
━◆	シーリングフィッチング	
━━	配　管　配　線	2本
━━	配　管　配　線	4本
♂↙	配　管　配　線	立上がり・引下げ
━・━	警　戒　区　域　線	

ゴミ集積室

電気室

廊下

倉庫

階段

オイルタンク室

ボイラー室

機械室

25,000

10,000

10,000

5,000

4,000

3,000

3,000

2,000

3,000

4,000

7,000

7,000

18,000

適切な感知器を必要な場所に記入しなさい。

1 エレベーター

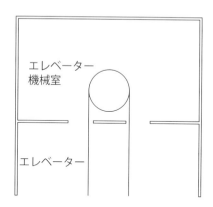

2 階段等（特定1階段等防火対象物ではない）

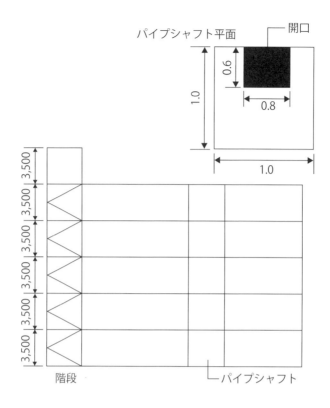

パイプシャフト平面

開口

0.6

1.0

0.8

1.0

3,500
3,500
3,500
3,500
3,500
3,500

階段

パイプシャフト

▶▶ 正解・解説　別冊2 P.127

第5回

［実技］

3 事務所

条件

1. 消令別表 1（15）項の 2 階で主要構造部は耐火構造である。無窓階に該当しない。
2. 天井の高さは 4.1m である。
3. 階段室は別警戒とする。
4. 煙感知器は、これを設けなければならない場所のみに設置する。
5. 感知器の設置は、必要最少個数とする。

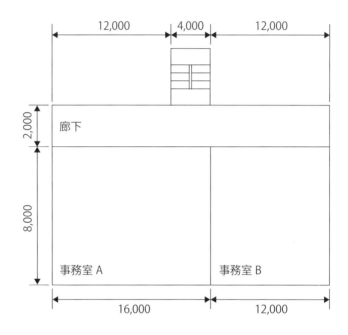

第6回

消防設備士試験
4類［甲種・乙種］問題

	試　験　科　目		甲　種	乙　種
筆　記	消防関係法令	法令共通	8 問	6 問
		法令類別	7 問	4 問
	基礎的知識	機械又は電気	10 問	5 問
	構造・機能等	機械又は電気	12 問	9 問
		規　格	8 問	6 問
	合　　計		45 問	30 問
実　技	鑑別等		5 問	5 問
	製　図		2 問	——
	合　　計		7 問	5 問

［解答時間］
　　甲種　3 時間 15 分
　　乙種　1 時間 45 分（乙種マークのみ）

■第 6 回消防設備士試験の甲種問 7、問 13 〜問 15、問 21 〜問 25、
　問 35、問 44 〜問 45 は、乙種にも出題される可能性がある参考問
　題です。乙種受験の方も練習問題として解いてみてください。

※筆記の解答は、次ページ（156 ページ）にある解答カード（解答用紙）に
　記入しましょう。解答カードはコピーして利用しましょう。
※実技は、問題用紙に解答欄がありますので、直接記入するか、別紙に書き
　出して利用しましょう。

◆ 解答用紙は 141%に拡大コピーしてお使いください。

第6回　甲種［筆記］　解答カード

正解一覧
別冊2 P.160

設　甲　解答・カード
解答・カード
四・五

| 試　験　日 |
| 月　　　日 |

| 受　験　地 |

| 氏　　　名 |

| 試　験
種　類 | 受　験　番　号
一 |
| 第4類
第5類 | |

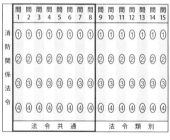

消防関係法令　法令共通　法令類別
基礎的知識　機械又は電気
構造機能等　機械又は電気　規格

甲種［筆記］合格基準

試験科目	正解数	合格基準
消防関係法令	問	6問/15問
基礎的知識	問	4問/10問
構造・機能等	問	8問/20問
合　計	問	27問/45問

※筆記試験は、各試験科目において40％以上、全体の出題数の60％以上が合格基準となります。

第6回　乙種［筆記］　解答カード

正解一覧
別冊2 P.160

設　乙　解答・カード
四・五・六・七

| 試　験　日 |
| 月　　　日 |

| 受　験　地 |

| 氏　　　名 |

| 試　験
種　類 | 受　験　番　号
一 |
| 第4類
第5類
第6類
第7類 | |

消防関係法令　法令共通　法令類別
基礎的知識　機械又は電気
構造機能等　機械又は電気　規格

乙種［筆記］合格基準

試験科目	正解数	合格基準
消防関係法令	問	4問/10問
基礎的知識	問	2問/ 5問
構造・機能等	問	6問/15問
合　計	問	18問/30問

※筆記試験は、各試験科目において40％以上、全体の出題数の60％以上が合格基準となります。

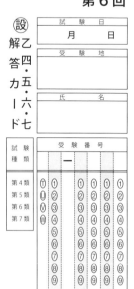

消防関係法令（法令共通）

甲種 問1 | 乙種 問1

消防法令上、誤っているものは次のうちどれか。

1 防火対象物とは、山林又は舟車、船きょ若しくはふ頭に繋留された船舶、建築物その他の工作物若しくはこれらに属するものをいう。
2 関係者とは、防火対象物又は消防対象物の所有者、管理者、占有者をいう。
3 消防の用に供する設備とは、消火設備、警報設備、消防用水である。
4 複合用途防火対象物とは、防火対象物で政令で定める2以上の用途に供されるものをいう。

甲種 問2 | 乙種 問2

既存防火対象物における消防用設備等に関する技術上の基準の適用について、誤っているものは次のうちどれか。

1 漏電火災警報器は、防火対象物の用途に関係なく、既存の防火対象物であっても、現行の技術上の基準が適用される。
2 特定防火対象物以外で用途変更前の規定に違反しているものは、変更前の規定に準じて設置する。
3 自動火災報知設備で工場を倉庫に用途変更をしたことによって、技術上の基準に適合しなくなった場合は、原則として用途変更前の規定、すなわち工場に関わる技術上の基準が適用される。
4 消火器、非常警報器具等特定の消防用設備等を除き、原則として既存の図書館には現行の技術上の基準は適用されない。

甲種 問3　　乙種 問3

　消防用設備等の定期点検を消防設備士又は総務大臣が認める資格を有する者にさせなければならない防火対象物は、次のうちどれか。

1　1,000 m² の旅館
2　1,500 m² の工場
3　900 m² の事務所
4　500 m² のキャバレー

甲種 問4　　乙種 問4

　防火対象物の消防用設備等が技術上の基準に適合していない場合、必要な措置の命令者とこれを履行する者の関係について、正しい組合せは次のうちどれか。

1　消防長又は消防署長 ……………… 防火対象物の関係者
2　消防長又は消防署長 …………… 消防設備士
3　都道府県知事 ……………………… 防火対象物の関係者
4　都道府県知事 …………………… 消防設備士

甲種 問5　　乙種 問5

　消防設備士制度について、誤っているものは次のうちどれか。

1　免状の記載事項に変更が生じた場合、交付を受けた都道府県知事又は居住地若しくは勤務地の都道府県知事に、その書換えを申請しなければならない。
2　免状の亡失に気づいてから10日以内に、交付を受けた都道府県知事に届け出なければならない。
3　免状を破損した場合は、交付を受けた都道府県知事に対して再交付の申請ができる。
4　免状の返納命令を受けたにもかかわらず、それを怠った者は罰則の対象となる。

消防用設備等又は特殊消防用設備等の検定対象機械器具等について、誤っているものは次のうちどれか。

1 型式承認の効力を失った機器については、型式適合検定の効力も失う。
2 型式適合検定を受けようとする者は、まず総務大臣に申請しなければならない。
3 型式適合検定の合格証をみだりに付したり、紛らわしいものを付したりした場合、罰則の対象となる。
4 日本消防検定協会又は登録検定機関は、型式適合検定に合格した検定対象機械器具等について、合格の旨の表示を付さなければならない。

甲種 問7

防火対象物の管理状況について火災予防上必要があると認める場合、当該防火対象物についての改修を命じることができる命令を発する者と、命令を受ける者の組合せで、正しいものは次のうちどれか。

1 消防長又は消防署長 ………… 関係者で権原を有する者
2 都道府県知事 ………………… 消防設備士
3 消防長又は消防署長 ………… 消防設備士
4 都道府県知事 ………………… 関係者で権原を有する者

甲種 問8

消防設備士の義務に関する記述で、誤っているものは次のうちどれか。

1 消防設備士は、都道府県知事が行う工事整備対象設備等の工事又は整備に関する講習を受けなければならない。
2 消防設備士は、その業務を誠実に行い、工事整備対象設備等の質の向上に努めなければならない。
3 都道府県知事が行う工事整備対象設備等の工事又は整備に関する講習を受けようとする者は、手数料を払わなければならない。
4 消防設備士は、その業務に従事するときは、消防設備士免状を携帯していなければならない。ただし、整備を行うときはこの限りではない。

消防関係法令（法令類別）

甲種 問9　　乙種 問7

　自動火災報知設備が必要なものとして、正しいものは次のうちどれか。

1　キャバレーで、延べ面積が 200 m² のもの
2　飲食店で、延べ面積が 250 m² のもの
3　マーケットで、延べ面積が 350 m² のもの
4　寺院で、延べ面積が 900 m² のもの

甲種 問10　　乙種 問8

　取付面の高さが 10 m の場所に設置してはならない感知器は、次のうちどれか。

1　イオン化式スポット型感知器 1 種若しくは 2 種
2　光電式スポット型感知器 1 種若しくは 2 種
3　定温式スポット型感知器特種若しくは 1 種
4　差動式分布型感知器 1 種若しくは 2 種

甲種 問11　　乙種 問9

　自動火災報知設備の警戒区域の基準について、誤っているものは次のうちどれか。ただし、光電式分離型感知器を設置した場合を除く。

1　原則、2 以上の階にわたらない。
2　2 の階にわたって 500 m² 以下なら同一警戒区域とすることができる。
3　原則、1 警戒区域 600 m² 以下とする。
4　一辺の長さは原則、100 m 以下とする。

感知器の設置に関して、誤っているものは次のうちどれか。

1 熱・煙スポット型感知器は空調設備の空気吹出口から 1.5 m 以上離して設置する。
2 熱・煙スポット型感知器は 45 度以上傾斜させない。
3 定温式スポット型感知器は公称作動温度より 20℃低い場所に設置する。
4 光電式スポット型感知器 2 種を階段に設置する場合は、垂直距離 10 m 以下ごとに設ける。

ガス漏れ火災警報設備の警戒区域の設定で、誤っているものは次のうちどれか。

1 防火対象物の 2 以上の階にわたらない
2 2 の階の警戒区域の合計面積が 500 m² 以下
3 1 の警戒区域の面積は 700 m² 以下
4 警戒区域のガス漏れ表示灯を通路の中央から見通すことのできる場合は 1,000 m² 以下

ガス漏れ火災警報設備の設置場所について、正しいものは次のうちどれか。

1 地下街で延べ面積が 500 m²
2 病院の 1 階で延べ面積が 700 m²
3 準地下街で飲食店部分の面積が 1,000 m²
4 倉庫の地階で延べ面積が 1,500 m²

　消防機関へ通報する火災報知設備の通報装置を取り付けなければならないものは、次のうちどれか。ただし、防火対象物には消防機関へ常時通報できる電話が設置されており、また消防機関から著しく離れた場所ではない。

1　2,500 m² の地下街
2　1,000 m² の工場
3　1,500 m² の飲食店
4　1,000 m² の宿泊所

甲種 問 16　乙種 問 11

2種類の異なる金属を接続した接合部を熱すると起電力を生じる。この現象の名称は、次のうちどれか。

1　ヒステリシス効果
2　ゼーベック効果
3　ホール効果
4　ファラデー効果

甲種 問 17　乙種 問 12

0.2 μF と 0.5 μF のコンデンサを並列に接続したときの合成静電容量として、正しいものは次のうちどれか。

1　0.5 μF
2　0.7 μF
3　0.3 μF
4　0.1 μF

甲種 問 18　乙種 問 13

次図の回路があるとき、R の消費電力として、正しいものは次のうちどれか。電池電圧は 100 V であり、このとき電流計に流れる電流は 10 A である。

1　100 W
2　200 W
3　400 W
4　600 W

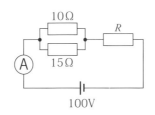

変圧器に関する記述で、正しいものは次のうちどれか。

1　変圧器に油を入れるのは、錆を防止するためである。
2　変圧器は 1 次側が高圧で、2 次側が低圧のものもある。
3　変圧器の容量は kW で示される。
4　変圧器は直流電圧の昇降もできるが、効率が悪いので普通は使わない。

抵抗率について、誤っているものは次のうちどれか。

1　抵抗率は導電率の逆数で表される。
2　抵抗率の単位は $\Omega \cdot m^2$ である。
3　銀より銅のほうが抵抗率が高い。
4　アルミニウムより金のほうが抵抗率が低い。

次の回路における合成静電容量として、正しいものは次のうちどれか。

1　　4　μF
2　　8　μF
3　12　μF
4　16　μF

コイルに単相交流を流した場合の電流と電圧の位相について、正しいものは次のうちどれか。

1　電流は電圧より 90° 進む
2　電流は電圧より 90° 遅れる
3　電流は電圧より 180° 進む
4　電流は電圧より 180° 遅れる

抵抗 3 Ω、容量リアクタンス 4 Ω の交流回路における合成インピーダンスについて、正しいものは次のうちどれか。

1　3 Ω
2　4 Ω
3　5 Ω
4　6 Ω

可動コイル形計器の説明で、正しいものは次のうちどれか。

1　交流測定用の指示計器である。
2　高感度で駆動トルクは電流値に比例する。
3　構造は簡単で丈夫である。
4　一般的に、二乗目盛が使用される。

第6回

[筆記]

　変圧器において、1 次巻線 200 回巻の 1 次端子に 500V を加え、2 次端子で 100V を出力する場合、2 次巻数として、正しいものは次のうちどれか。

1　20 巻
2　30 巻
3　40 巻
4　50 巻

甲種 問 26　乙種 問 16

可動コイル形計器の目盛りに関して、正しいものは次のうちどれか。

1　すべての目盛が均等である。
2　数値の増加につれ、目盛が粗くなる。
3　両端で目盛りの間隔が狭くなる。
4　対数目盛である。

甲種 問 27　乙種 問 17

感知器の設置基準について、誤っているものは次のうちどれか。

1　周囲の最高温度を公称作動温度より 10℃低い温度に設定した。
2　差動式スポット型感知器を 45 度傾けて設置してはならない。
3　空調の空気の吹出し口から 1.5 m 以上離して感知器を設置した。
4　定温式スポット型感知器を天井より 0.3 m 以内に設置した。

甲種 問 28　乙種 問 18

非火災警報の原因にあげられないものは、次のうちどれか。

1　感知器の短絡
2　受信機の故障
3　間違った感知器の設置
4　終端器の断線

第6回

［筆記］

差動式分布型（空気管式）感知器について、正しいものは次のうちどれか。

1　リーク孔から抜ける空気の温度上昇を感知して作動する。
2　感知部の熱起電力の発生により作動する。
3　金属の膨張係数の差を利用したものである。
4　膨張した空気がダイヤフラムを押し上げて接点を閉じる構造である。

発信機の設置について、正しいものは次のうちどれか。

1　R型受信機を設置したので、P型1級発信機を設けた。
2　子供のいたずら防止のために、発信機を床面から 1.8 m の位置に取り付けた。
3　近くに誘導灯があったので、発信機の表示灯を省略した。
4　発信機間の距離を、水平距離 50 m あけて取り付けた。

ガス漏れ検知器の検知方式について、正しいものは次のうちどれか。

1　イオン電流を検知することで作動する。
2　熱電対による熱起電力を利用する。
3　半導体抵抗値のガスによる変化を利用する。
4　感知線による感知部の変化を利用する。

発信機と表示灯の説明で、誤っているのは次のうちどれか。

1 赤色の表示灯は発信機の位置を示すために設ける。
2 表示灯は発信機の直近に取り付け、取付け面と 15 度以上の角度で 10 m 離れた場所から点灯を容易に識別できる。
3 発信機は屋内消火栓設備の加圧送水装置の起動装置として兼用してはならない。
4 表示灯は屋内消火栓設備の位置表示灯として兼用される場合がある。

甲種 問 33 **乙種 問 23**

自動火災報知設備の地区音響装置の説明で、誤っているものは次のうちどれか。

1 各階ごとに設置し、その階の各部分からの水平距離は 25 m 以内とする。
2 地階を除く階数が 5 以上で延べ面積が 3,000 m² を超えるものは出火階と直上階の地区音響装置のみ鳴動させればよい。
3 公称音圧は 1 m 離れた場所で音響によるものは 90 dB 以上とする。
4 2 台以上の受信機を設けた場合は、どちらの受信機からも鳴動できるようにする。

甲種 問 34 **乙種 問 24**

次の場所と設置感知器の組合せとして、誤っているものは次のうちどれか。

1 レストランの客席、2 階、普通階 ……… 差動式スポット型 2 種
2 カラオケボックス、1 階、普通階 ……… 差動式スポット型 2 種
3 図書館閲覧室、3 階、普通階 …………… 差動式スポット型 2 種
4 デパート販売エリア、1 階、普通階 …… 差動式スポット型 2 種

第6回

[筆記]

甲種 問 35

差動式スポット型感知器を設置できない場所は、次のうちどれか。

1 百貨店の地下駐車場
2 結露が発生する倉庫（ただし、防水型を使用）
3 ごみ集積所（ただし、ほこり等が内部に侵入しない構造のものを使用）
4 厨房（ただし、防水型を使用）

甲種 問 36

差動式分布型熱電対式感知器の設置について、誤っているものは次のうちどれか。

1 熱電対部は感知区域ごとに最低 4 個以上設置しなければならない。
2 1 の検出部に接続する熱電対部の数は 30 以下とすること。
3 検出部は 5 度以上傾斜させないよう設けること。
4 感知器は取付け面の下方 0.3 m 以内の位置に設けること。

甲種 問 37

電気設備に施す D 種接地工事の接地抵抗値として、正しいものは次のうちどれか。

1 100 Ω以下
2 200 Ω以下
3 300 Ω以下
4 500 Ω以下

甲種 問 38　乙種 問 25

定温式スポット型感知器1種の作動時間として、正しいものは次のうちどれか。ただし、室温＝0℃とする。

1　120 秒以内
2　　30 秒以内
3　　90 秒以内
4　　60 秒以内

甲種 問 39　乙種 問 26

感知器の作動について、適当なものは次のうちどれか。

1　差動式スポット型感知器 ……… 周囲の温度の上昇率が一定の率以上になったときに火災信号を発信するもので、広範囲の熱効果により作動するもの。

2　定温式感知線型感知器 ………… 一局所の周囲の温度が一定の温度以上になったときに火災信号を発信するもので、外観が電線状のもの。

3　光電式スポット型感知器 ……… 周囲の空気が一定の濃度以上の煙を含むに至ったときに火災信号を発信するもので、広範囲の煙の累積による光電素子の受光量の変化により作動するもの。

4　補償式スポット型感知器 ……… 定温式と差動式の機能をあわせもち、2信号を発信するもの。

第6回

［筆記］

受信機の地区表示灯に関する記述で、誤っているものは次のうちどれか。

1 表示灯の電球を直列に接続する。
2 周囲の明るさが 300 ルクスの状態において、前方 3 m 離れた地点で点灯を明確に区別できる。
3 電球はその受信機の定格電圧の 130％の交流電圧を 20 時間連続して加えても異常を生じない。
4 発光ダイオードを 1 個設けた。

P 型 1 級受信機の予備電源の容量について、正しいものは次のうちどれか。

1 2 回線の火災表示と回線数の 2 倍の音響装置を同時に 10 分間以上作動できる。
2 5 回線の火災表示と 5 回線の音響装置を同時に 10 分間以上作動できる。
3 2 回線の火災表示とすべての音響装置を 10 分間以上作動できる。
4 5 回線の火災表示を 10 分間作動できる。

P 型 1 級受信機の規格について、誤っているものは次のうちどれか。

1 主音響装置の音圧は、前方 1 m で測定した値が 85 dB 以上である。
2 表示灯に用いる電球は、2 個以上並列に接続する。
3 主電源が停止したときは主電源から予備電源に、主電源が復旧したときには予備電源から主電源に自動で切り替える装置をもつ。
4 予備電源は、鉛蓄電池とする。

G 型受信機の規格について、誤っているものは次のうちどれか。

1 G 型受信機は、火災の発生した警戒区域とガス漏れの発生した警戒区域とを、明確に識別することができなければならない。
2 ガス漏れを検知した際には黄色いガス漏れ灯が点灯する。
3 ガス漏れ信号の受信開始からガス漏れ表示までの所要時間は 60 秒以内とする。
4 ガス漏れ信号を検知しなくなったときは、ガス漏れ表示は自動復旧する。

ガス漏れ検知器の性能について、誤っているものは次のうちどれか。

1 ガスの濃度が爆発下限界の $\frac{1}{4}$ 以上のときに確実に作動すること。
2 爆発下限界の $\frac{1}{4}$ 以上の濃度のガスにさらされているときは、継続して作動すること。
3 ガスの濃度が爆発下限界の $\frac{1}{200}$ 以下のときに作動しないこと。
4 検知器は信号を発する濃度に接したとき、30 秒以内に信号を発すること。

発信機の絶縁抵抗の測定として、正しいものは次のうちどれか。

1 直流 500 V 絶縁抵抗計の値が 20 MΩ
2 直流 500 V 絶縁抵抗計の値が 5 MΩ
3 直流 250 V 絶縁抵抗計の値が 20 MΩ
4 直流 250 V 絶縁抵抗計の値が 5 MΩ

第6回

[筆記]

甲種 問1　**乙種 問1**

A、Bそれぞれの名称及び用途を答えなさい。

A

B

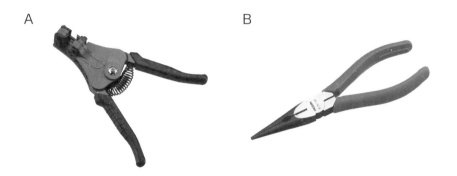

解答欄

	名　　称	用　　途
A		
B		

次の写真に示す感知器ついて、次の各設問に答えなさい。

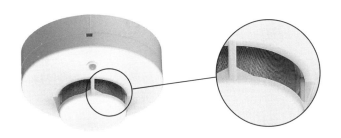

1 写真の感知器には網孔、円孔板が設けられているが、これらが必要となる感知器を2つ答えなさい。
2 写真の感知器の網孔、円孔板はどのような目的で設けられているか答えなさい。

解答欄

設問1	

	網孔・円孔板
設問2	

1　この測定器の名称を答えなさい。

解答欄

設問1	

2　この測定器に用いられている目盛の種類を答えなさい。

解答欄

設問2	

3　この測定器に用いられている目盛の特徴を答えなさい。

解答欄

設問3	

次の回路のうち、正しいものには○を、誤っているものには×を記入しなさい。

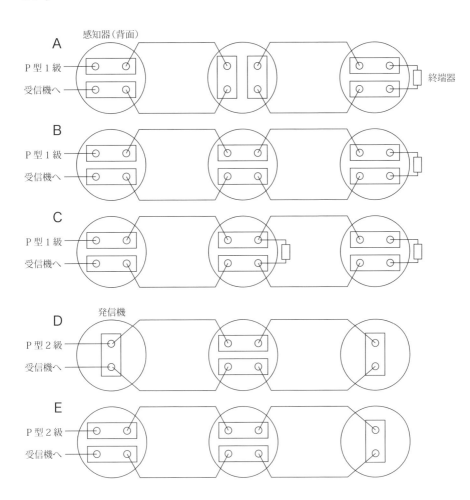

解答欄

A	B	C	D	E

次の図はP型1級受信機である。次の問に答えなさい。

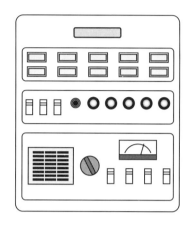

1　次に示す手順で「ある試験」を行った。「ある試験」とは何か答えなさい。

手順

1. 火災試験スイッチを火災側にする。
2. 回線選択スイッチを5回線連続して回した。
3. 受信機の表示及び音響装置の鳴動を確認した。

2　1で行った試験を予備電源で行った場合は最大何回線までか答えなさい。

解答欄

設問1	試験
設問2	回線

甲種 問 1

　次頁の図は、消令別表 1（15）項に該当する地上 5 階建ての防火対象物の 3 階平面図である。下記条件に基づき、自動火災報知設備の設備図を凡例記号を用いて完成させなさい。

条件

1.	主要構造部は耐火構造であり、この階は無窓階に該当しない。
2.	天井の高さは、3.2m である。
3.	機器収容箱は階段側の廊下に設置すること。
4.	終端抵抗は事務室 B に設置すること。
5.	階段はこの階で警戒する。
6.	煙感知器は、これを設けなければならない場所のみに設置する。
7.	感知器の設置は、必要最少個数とする。
8.	受信機は下の階に設置している。

凡　　　　　　例		
記　　号	名　　　称	備　　考
▭	機　器　収　容　箱	露出型　　　　　　Ⓑ◖Ⓟ収容
Ⓑ	電　　　　　　　鈴	DC24V
◖	表　　示　　灯	24V
Ⓟ	発　　信　　機	P型 1 級
▽	差動式スポット型感知器	2 種
Ⓘ	定温式スポット型感知器	1 種　防水型　　70℃
Ⓢ	光電式スポット型感知器	2 種　露出型
Ω	終　　端　　器	
──//──	配　　管　　配　　線	2 本
──////──	配　　管　　配　　線	4 本
♂ ↗	配　　管　　配　　線	立上がり・引下げ
──・──	警　戒　区　域　線	

第6回
［実技］

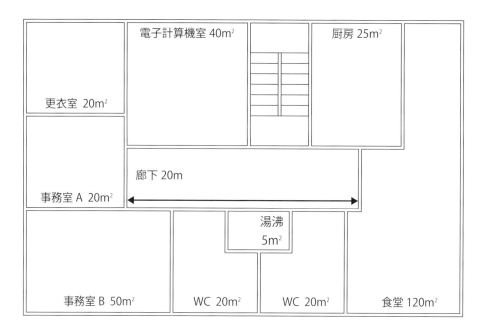

次の問に答えなさい。

1 (A)、(B)、(C) それぞれに警戒区域線と警戒番号を記入しなさい（階段の高さは、いずれも 15 m 以内とする）。

凡　　　　例		
記　　　号	名　　　称	備　　　考
○	警　戒　区　域　番　号	
—·—	警　戒　区　域　線	

(A)

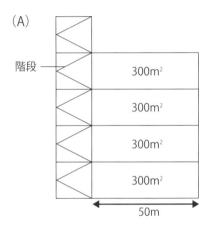

階段

300m²

300m²

300m²

300m²

50m

(B)

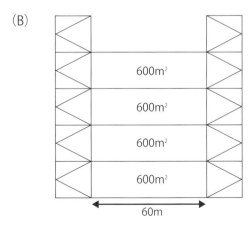

600m²

600m²

600m²

600m²

60m

▶▶ 正解・解説　別冊2 P.153

181

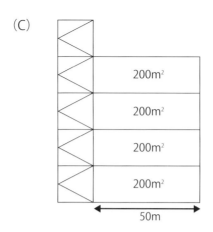

(C)

200m²

200m²

200m²

200m²

50m

2 （A）、（B）、（C）それぞれに設置する、最適な受信機の名称と回線数を答えなさい。

解答欄

（A）	受信機	回線
（B）	受信機	回線
（C）	受信機	回線

Memo

本書に関する正誤等の最新情報は、下記のアドレスで確認することができます。
http://www.s-henshu.info/sbhs2409/

上記掲載以外の箇所で正誤についてお気づきの場合は、**書名・発行日・質問事項（該当ページ・行数・問題番号**などと誤りだと思う理由）**・氏名・連絡先**を明記のうえ、お問い合わせください。
・web からのお問い合わせ：上記アドレス内【正誤情報】へ
・郵便または FAX でのお問い合わせ：下記住所または FAX 番号へ
※電話でのお問い合わせはお受けできません。

[宛先]　**コンデックス情報研究所**
　　　　『**本試験型 消防設備士 4 類〈甲種・乙種〉問題集**』係
　　住所　　　〒 359-0042　所沢市並木 3-1-9
　　FAX 番号　04-2995-4362　（10:00 〜 17:00　土日祝日を除く）

※本書の正誤以外に関するご質問にはお答えいたしかねます。また受験指導などは行っておりません。
※ご質問の受付期限は、各試験日の 10 日前必着といたします。
※回答日時の指定はできません。また、ご質問の内容によっては回答まで 10 日前後お時間をいただく
　場合があります。
あらかじめご了承ください。

監修：北里敏明（きたざと としあき）
　　　　弁護士。昭和 47 年東京大学法学部卒業、同年司法試験合格。昭和 48 年自治省に入る。昭和 53 年ハーバードロースクール入学、昭和 55 年修士（LLM）課程修了。京都市副市長、自治省大臣官房企画室長、公営企業等担当審議官、内閣府防災担当審議官などを経て、平成 14 年消防庁次長に就任。平成 15 年総務省を退官し、横浜国立大学客員教授、立命館大学非常勤講師を歴任。平成 18 年北里敏明法律事務所を開設。平成 26 年弁護士法人北里綜合法律事務所を設立。

編著：コンデックス情報研究所　技術系試験対策室
　　　　平成 2 年 6 月設立。法律・福祉・技術・教育分野において、書籍の企画・執筆・編集、大学および通信教育機関との共同教材開発を行っている研究者・実務家・編集者のグループ。

本試験型 消防設備士4類〈甲種・乙種〉問題集

2024年10月10日発行

監　修　　北里敏明

編　著　　コンデックス情報研究所

発行者　　深見公子

発行所　　成美堂出版
　　　　　〒162-8445　東京都新宿区新小川町 1-7
　　　　　電話(03)5206-8151　FAX(03)5206-8159

印　刷　　大盛印刷株式会社

本試験型

消防設備士

別冊2

4類 甲種 乙種 問題集

正解・解説

成美堂出版

矢印の方向に引くと、取り外せます

消防設備士試験
４類［甲種・乙種］正解・解説

目　次

※本書は、原則として、2024 年 8 月 1 日現在の法令等に基づいて編集しております。以降も法令等の改正があると予想されますので、最新の法令を参照して本書を活用してください。

消防関係法令 (法令共通)

甲種 問1　**乙種 問1**　▶▶**正解3**

　消法第17条の2の5、消令第34条の4に関する問題である。

1 × 共同住宅は、消令別表第1 (5) 項ロであり、高層であっても特定防火対象物に含まれない。
2 × テレビスタジオは (12) 項ロ、事務所は (15) 項であり、いずれも特定防火対象物に含まれない。
3 ○ 準地下街は (16の3) 項であり、(16の2) 項の地下街とともに、特定防火対象物である。
4 × 重要文化財は (17) 項であり、特定防火対象物に含まれない。

甲種 問2　**乙種 問2**　▶▶**正解4**

　消令第10条第1項第五号に関する問題である。
　無窓階とは、「建築物の地上階のうち、総務省令で定める避難上又は消火活動上有効な開口部を有しない階をいう。」と定められている。

甲種 問3　**乙種 問3**　▶▶**正解1**

　消法第17条第1項に関する問題である。

1 ○ 政令で定める防火対象物の関係者は、消防用設備等について、政令で定める技術上の基準に従って、設置し、及び維持しなければならない。
2 × 戸建て一般住宅は、その規模にかかわらず設置対象とならない。
3 × 消防用設備等には消防の用に供する設備及び消火活動上必要な施設の他、消防用水が含まれる。
4 × 特定用途防火対象物以外の防火対象物も、規模により設置対象となる。

●特定防火対象物一覧（消令別表1より抜粋）

項		種　類
(1)	イ	劇場、映画館、演芸場、観覧場
	ロ	公会堂、集会場
(2)	イ	キャバレー、カフェー、ナイトクラブ等
	ロ	遊技場、ダンスホール
	ハ	性風俗関連特殊営業店舗等
	ニ	カラオケボックス等
(3)	イ	待合、料理店等
	ロ	飲食店
(4)		百貨店、マーケット等、展示場
(5)	イ	旅館、ホテル、宿泊所等
(6)	イ	病院、診療所、助産所
	ロ	老人短期入所施設等
	ハ	老人デイサービスセンター等
	ニ	幼稚園、特別支援学校
(9)	イ	蒸気浴場、熱気浴場
(16)	イ	特定用途を含む複合用途防火対象物
(16の2)		地下街
(16の3)		準地下街

甲種 問4　　乙種 問4　　　　　　▶▶正解3

消法第17条第1項、消令第7条第6項に関する問題である。

消火活動上必要な施設は、排煙設備、連結散水設備、連結送水管、非常コンセント設備及び無線通信補助設備である。動力消防ポンプは、消防の用に供する設備の中の消火設備である。

甲種 問5　　乙種 問5　　　　　　▶▶正解2

消法第17条の2の5、消令第34条に関する問題である。

1 × 消火器は、防火対象物の用途にかかわらず従前の規定を適用できない。
2 ○ 用途・規模の変更がない場合、屋内消火栓設備は従前の規定を適用する。
3 × 特定防火対象物に設置されている自動火災報知設備は従前の規定を適用できない。

4　×　避難器具は、防火対象物の用途にかかわらず従前の規定を適用できない。

甲種 問6　　**乙種 問6**　　　　　　　　　　　▶▶正解 1

消法第 17 条の 3 の 2、消令第 35 条に関する問題である。

1　○　特別養護老人ホームは、面積にかかわらず検査が必要となる。
2　×　幼稚園は、延べ面積 300 m² 以上で検査対象となる
3　×　延べ面積 300 m² 以上の美術館は、消防長・消防署長が指定した場合に、検査対象となる。
4　×　延べ面積 300 m² 以上の小学校は、消防長・消防署長が指定した場合に、検査対象となる。

甲種 問7　　　　　　　　　　　　　　　　　▶▶正解 3

消法第 17 条の 3 の 3、消令第 36 条に関する問題である。

1　×　ホテルは、延べ面積 1,000 m² 以上で資格者による点検が必要となる。
2　×　デパートは、延べ面積 1,000 m² 以上で資格者による点検が必要となる。
3　○　映画館は、延べ面積 1,000 m² 以上で資格者による点検が必要となる。
4　×　延べ面積 1,000 m² 以上の倉庫は、消防長・消防署長が指定した場合に、資格者による点検が必要となる。

甲種 問8　　　　　　　　　　　　　　　　　▶▶正解 2

消法第 4 章の 2 第 1 節に関する問題である。

1　○　型式承認は総務大臣が行う（第 21 条の 4）。
2　×　型式適合検定は、日本消防検定協会又は総務大臣の登録を受けた検定機関が行う（第 21 条の 8）。
3　○　型式適合検定に合格したものは、検定合格の表示が必要である（第 21 条の 9）。
4　○　消防用機械器具等は、表示が付されているものでなければ、その設置、変更又は修理の請負に係る工事に使用してはならない（第 21 条の 2 第 4 項）。

消防関係法令（法令類別）

| 甲種 問 9 | 乙種 問 7 | ▶▶ 正解 3 |

消令第 21 条に関する問題である。

1 × カラオケボックス、インターネットカフェ、個室ビデオ等は、面積に
   かかわらず自動火災報知設備の設置が必要である。
2 × ホテル、旅館、宿泊所等は、面積にかかわらず自動火災報知設備の設
   置が必要である。
3 ○ 展示場、百貨店等は、延べ面積 300 m² 以上の場合に自動火災報知設
   備の設置が必要となる。
4 × 飛行機または回転翼航空機の格納庫は、面積にかかわらず自動火災報
   知設備の設置が必要である。

| 甲種 問 10 | 乙種 問 8 | ▶▶ 正解 3 |

消令第 21 条に関する問題である。

消令別表第 1（15）項の防火対象物は、延べ面積 1,000 m² 以上で自動火
災報知設備の設置が必要となる。

また、地階・無窓階・3 階以上の階には、床面積 300 m² 以上で設置が必
要となる。

したがって、本問の場合、地階・無窓階はなく、3 階にのみ自動火災報知
設備の設置が必要となる。

●自動火災報知設備の設置基準

項		特定防火対象物	防火対象物の種類	延べ面積（以上）	特定1階段※1	地階・無窓階（床面積・以上）	3階以上	11階以上	通信機器室	駐車用途	道路用途	指定可燃物
(1)	イ	✓	**劇場、映画館、演芸場、観覧場**	300m²	全て	300m²	床面積300m²以上のもの	全て	床面積500m²以上のもの	地階又は2階以上で床面積200m²以上のもの	屋上で床面積600m²以上のもの 屋上以外で床面積400m²以上のもの	指定数量の500倍以上の貯蔵又は取り扱うもの
	ロ	✓	公会堂、集会場									
(2)	イ	✓	**キャバレー、カフェー、ナイトクラブ**等			100m²						
	ロ	✓	遊技場、ダンスホール									
	ハ	✓	性風俗関連特殊営業店舗等									
	ニ	✓	カラオケボックス等	全て								
(3)	イ	✓	待合、料理店等	300m²								
	ロ	✓	**飲食店**									
(4)		✓	百貨店、マーケット等、展示場									
(5)	イ	✓	**旅館、ホテル、宿泊所**等	全て		300m²						
	ロ		寄宿舎、下宿、共同住宅	500m²								
(6)	イ	✓	病院、診療所、助産所（無床診療所、無床助産所を除く）	全て	全て							
	イ	✓	無床診療所、無床助産所	300m²								
	ロ	✓	老人短期入所施設等	全て								
	ハ	✓	老人デイサービスセンター等	全て※5								
	ニ	✓	幼稚園、特別支援学校	300m²								
(7)			小学校、中学校、高等学校、大学等	500m²								
(8)			**図書館、博物館、美術館**等									
(9)	イ	✓	蒸気浴場、熱気浴場	200m²	全て							
	ロ		イ以外の公衆浴場	500m²								
(10)			車両の停車場、船舶・航空機の発着場									
(11)			神社、寺院、教会等	1000m²								
(12)	イ		工場、作業場	500m²								
	ロ		**映画スタジオ、テレビスタジオ**									
(13)	イ		自動車車庫、駐車場									
	ロ		飛行機の格納庫等	全て								
(14)			**倉庫**	500m²								
(15)			前各項に該当しない事業場	1000m²								
(16)	イ	✓	特定用途を含む複合用途防火対象物	300m²	全て	※4						
	ロ		イ以外の複合用途防火対象物	※2								
(16の2)		✓	**地下街**	300m²※6		300m²						
(16の3)		✓	**準地下街**	※3								
(17)			重要文化財等	全て								

※1　特定1階段等防火対象物：特定部分が地階又は3階以上にあり、地上に直通する屋内階段が1以下のもの（屋外に避難階段がない場合に限る）。

※2　それぞれの用途ごとに、判定する。

※3　延べ面積500m²以上かつ特定用途部分の床面積合計が300m²以上。

※4　(2)項イからハ又は(3)項に掲げる防火対象物の用途に供される部分の床面積の合計が100m²以上。

※5　利用者を入居させ、又は宿泊させるものでない場合は、300m²以上。

※6　(2)項ニ、(5)項イ、(6)項イ（無床診療所、無床助産所を除く）、(6)項ロ、(6)項ハ（利用者を入居させ、または宿泊させるものに限る）の用に供されるものは全て。

甲種 問 11   乙種 問 9   ▶▶正解 2

1 ○ 平面部分とたて穴（階段・エレベータ等）は、別の警戒区域とする。
2 × 水平距離 50 m 以下の場合は、同一警戒とすることができる。
3 ○ 垂直距離 45 m 以下ごとに別の警戒区域とする。
4 ○ 地下部分が 2 階以上の場合は、地上部分と別の警戒区域とする。なお、地階が 1 の場合は、地上階と垂直距離 45 m 以下で、地上部分と同一警戒区域とすることができる。

甲種 問 12   乙種 問 10   ▶▶正解 3

消令第 21 条に関する問題である。

1 × 地階、無窓階又は 3 階以上の階は、床面積が 300 m² 以上で設置が必要となる。
2 × 通信機器室は、床面積が 500 m² 以上で設置が必要となる。
3 ○ 用途にかかわらず、11 階以上には自動火災報知設備の設置が必要となる。
4 × 地階で駐車の用に供する部分の床面積は、200 m² 以上で必要となる。

甲種 問 13   ▶▶正解 4

消令第 21 条、消則第 23 条に関する問題である。

1 × 事務所の廊下には煙感知器を設置しなければならず、煙感知器を設置している部分は自動火災報知設備を省略できない。
2 × 特定防火対象物は、自動火災報知設備を省略できない。
3 × 特定防火対象物は、自動火災報知設備を省略できない。
4 ○ 普通階の事務室は熱感知器でよいので、自動火災報知設備を省略できる。

消令第 21 条の 2、消則第 24 条の 2 の 2 に関する問題である。

1 ✕ ガス漏れ火災報知設備の警戒区域の面積は、600 m² 以下とする。
2 ◯ ガス漏れ表示灯を通路中央から容易に見通すことができる場合、警戒区域の面積は 1,000 m² 以下とすることができる。
3 ◯ 警戒区域は、原則として、2 以上の階にわたらないものとする。
4 ◯ 2 の階の警戒区域の合計が 500 m² 以下ならば、同一警戒とすることができる。

消令第 23 条に関する問題である。

（◯✕は、省略の可、不可を表す。）

1 ◯ 旅館は、延べ面積 500 m² 以上で消防機関へ通報する火災報知設備が必要となるため、延べ面積 300 m² のときは設置の義務がない。500 m² 以上の場合、消防機関へ常時通報することができる電話を設置したときは、省略できる。
2 ✕ 病院は、面積にかかわらず消防機関へ通報する火災報知設備が必要であり、消防機関へ常時通報することができる電話を設置しても、消防機関へ通報する火災報知設備を省略することができない。
3 ◯ 延べ面積 500 m² 以上のキャバレーは、消防機関へ常時通報することができる電話を設置したときは、消防機関へ通報する火災報知設備を省略できる。
4 ◯ 延べ面積 500 m² 以上の工場は、消防機関へ常時通報することができる電話を設置したときは、消防機関へ通報する火災報知設備を省略できる。

●消防機関へ通報する火災報知設備の設置基準

消防法施行令別表第一による防火対象物の区分			設置基準	適用除外となる条件
↓電話の設置により適用除外とならないもの				
(6) イ	(1)	特定診療科名を有し、かつ、療養病床または一般病床を有する病院	全部	消防機関が存する建築物内にあるもの
	(2)	特定診療科名を有し、かつ、4人以上の患者を入院させるための施設を有する診療所		
	(3)	(1) を除く病院 (2) を除く有床診療所・有床助産所		消防機関からの歩行距離が 500m 以下の場所にあるもの
	(4)	無床診療所・無床助産所	500m² 以上	
(6) ロ		老人短期入所施設等	全部	
(6) ハ		老人デイサービスセンター等	500m² 以上	
(5) イ		旅館、ホテル、宿泊所等		
↓電話の設置により適用除外となるもの（(6) イ (1)(2) の用途部分を除く）				
(16の2)、(16の3)… (6) イ (1)(2) の用途部分があるもの			全部	消防機関が存する建築物内にあるもの
(16の2)、(16の3)… (6) イ (1)(2) の用途部分がないもの				消防機関からの歩行距離が 500m 以下の場所にあるもの
(1)、(2)、(4)、(6) ニ、(12)、(17)			500m² 以上	
(3)、(5) ロ、(7) ～ (11)、(13) ～ (15)			1,000m² 以上	

※消防機関から著しく離れた場所にあるものは、すべて適用除外となる。

甲種 問16　乙種 問11

▶▶正解 3

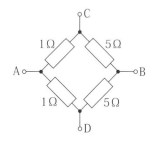

端子 A－B 間の合成抵抗は、$\dfrac{1}{\dfrac{1}{6}+\dfrac{1}{6}}=3$ ［Ω］

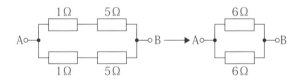

端子 C－D 間の合成抵抗は、$\dfrac{1}{\dfrac{1}{10}+\dfrac{1}{2}}=\dfrac{10}{6}$ ［Ω］

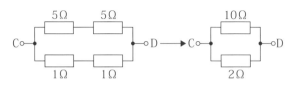

$3\div\dfrac{10}{6}=\dfrac{3\times 6}{10}=1.8$（倍）

甲種 問17 **乙種 問12**

▶▶**正解1**

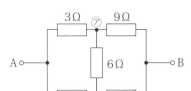

A－B間の電圧を E [V] とすると、9 Ωの抵抗の両端電圧は、

$$\frac{9}{3+9}\ E = \frac{9}{12}\ E = 0.75E[\text{V}]$$

3 Ωの抵抗の両端電圧は、

$$\frac{3}{1+3}\ E = \frac{3}{4}\ E = 0.75E[\text{V}]$$

このことから、ポイント㋐と㋑は同電圧であり、6 Ωの抵抗は無視できる。

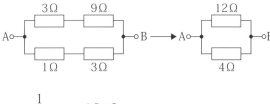

$$\frac{1}{\frac{1}{12}+\frac{1}{4}} = 3[\Omega]$$

甲種 問18 **乙種 問13**

▶▶**正解3**

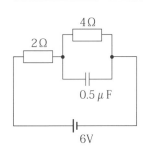

コンデンサに加わる電圧は、

$$\frac{4}{2+4} \times 6 = 4[\text{V}]$$

電気量 $Q = CV = 0.5 \times 4 = 2.0\ [\mu\text{F}]$

整流形の記号は、—▶|— である。

その他の計器形名と記号

計器形名	記号
電流力計形	⊟
熱電形	∨
静電形	⊥

甲種 問20　乙種 問15　　　　　　　　　　　▶▶正解 2

$$R = \frac{60}{20} = 3[\Omega]$$

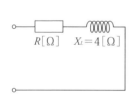

この回路のインピーダンスは、

$$Z = \sqrt{R^2 + X_L^2}$$
$$= \sqrt{9 + 16} = \sqrt{25} = 5\ [\Omega]$$

求める電流は、

$$I = \frac{80}{5} = 16[A]$$

甲種 問21　　　　　　　　　　　　　　　　▶▶正解 3

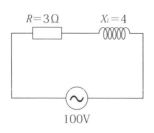

インピーダンスを計算する。

$$Z = \sqrt{3^2 + 4^2} = \sqrt{25} = 5\ [\Omega]$$

力率 $\cos \theta = \dfrac{R}{Z} = \dfrac{3}{5} = 0.6$

甲種 問 22

▶▶ **正解 2**

巻数比 $a = \dfrac{\text{一次巻数}}{\text{二次巻数}}$

$= \dfrac{500}{1{,}000}$

$= \dfrac{\text{一次側電圧}}{\text{二次側電圧}}$

$= \dfrac{\text{一次側電圧}}{100}$

よって、一次側電圧 $= \dfrac{1}{2} \times 100 = 50\,[\text{V}]$

甲種 問 23

▶▶ **正解 4**

抵抗に加わる電圧は、5 [Ω] × 5 [A] = 25 [V]
抵抗が消費する電力は、$P = 25 \times 5 = 125$ [W]
よって、1 分間の熱エネルギーは、$W = Pt = 125 \times 60 = 7{,}500$ [J]

甲種 問 24

▶▶ **正解 2**

$N_s = \dfrac{120f}{P}$

$= \dfrac{120 \times 50}{6}$

$= 1{,}000$

N_s：同期速度
f：電源周波数
P：固定子巻線極数

よって、1 分間回転数は、1,000 回転である。

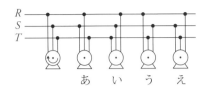

　三相交流電動機の逆回転は、電源線3本中、2本の入れ換えによる。あは
RとS、いはRとT、うはSとTが入れ換えられていて、逆回転となる。
　3線が入れ換えられていて逆回転とならないのは、えである。

●三相交流電動機の逆回転の方法

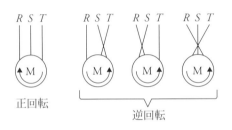

消防用設備等の構造、機能及び工事又は整備の方法
（電気に関する部分）

甲種 12 問
乙種 9 問

甲種 問 26　**乙種 問 16**　　　　　　　　▶▶**正解 3**

　感知器は、正常時における最高周囲温度が感知器の公称作動温度より20℃以上低い場所に設ける。

甲種 問 27　**乙種 問 17**　　　　　　　　▶▶**正解 4**

　光電式分離型感知器の光軸高さは、天井等の高さの80％以上となるように設ける。

甲種 問 28　**乙種 問 18**　　　　　　　　▶▶**正解 3**

1 × 水蒸気が多量に滞留する蒸気洗浄室は、失報の可能性がある。
2 × 著しく高温となるボイラー室は、使用温度範囲外となる可能性がある。
3 ○ 排気ガスが多量に滞留する駐車場は、紫外線や赤外線で検知する炎感知器が適応する設置場所である。
4 × 炎感知器は、腐食性ガスへの耐環境性能を持たない。

●炎感知器の作動原理

紫外線式	スポット型	炎から放射される**紫外線**の変化が一定以上になったときに火災信号を発信するもので、紫外線による受光素子の受光量の変化により作動するもの。
赤外線式	スポット型	炎から放射される**赤外線**の変化が一定以上になったときに火災信号を発信するもので、赤外線による受光素子の受光量の変化により作動するもの。

※このほかに、紫外線赤外線併用式等がある。

定温式スポット型感知器は、感知器の周囲温度が一定の温度以上になった場合に、火災信号を発信する感知器である。駐車場のような広い場所への設置は適さない。

1 ○ R型・GR型受信機には、P型1級発信機を接続する。
2 × 床面からの高さは、0.8 m以上1.5 m以下に設置する。
3 × 水平距離ではなく、歩行距離が50 m以下となるよう設ける。
4 × 燐光標識によって表示灯を省略することはできない。

自動火災報知設備に用いる配線は、他用途の電線と同一の電線管を使用してはならない。

CDケーブルの金属ダクト工事は、耐熱保護工事には用いられるが、耐火性能はない。

自動火災報知設備の受信機を屋内消火栓の起動装置と兼用する場合の表示灯回路は、耐熱以上の性能を有する配線としなければならない。
VVケーブルを使用した合成樹脂線ぴ工事は、耐熱保護配線に該当しない。

予備電源は受信機の規格省令上必須であり、省略できない。

甲種 問 35　　　　　　　　　　　　　　　　　　　▶▶正解 3

接地工事は、電気工作物の保護と漏電による感電防止のために行う。

甲種 問 36　　　　　　　　　　　　　　　　　　　▶▶正解 1

1 ○ 火災表示試験は、装置の操作手順により保持機能の確認を行うものである。
2 × 予備電源試験は、内蔵バッテリーの良否判定のための試験である。
3 × 回線導通試験は、感知器回路の断線等を確認するための試験である。
4 × 絶縁抵抗試験は電路－大地間、電路間の絶縁抵抗を測定する試験である。

甲種 問 37　　　　　　　　　　　　　　　　　　　▶▶正解 3

流通試験により確認できるのは、空気管の空気漏れやつぶれである。

●差動式分布型感知器（空気管式）の流通試験

①検出部にある試験孔にテストポンプ
　を、空気管の一端にマノメーターを
　接続する。
②テストポンプで空気管に空気を注入
　し、マノメーターの水位を 100mm
　まで上昇させる。
③水位が停止し、空気管に漏れがない
　ことを確認してからテストポンプを
　はずし、マノメーターの水位が半分
　に下がるまでの時間が適正な範囲内
　であるかどうか確認する。

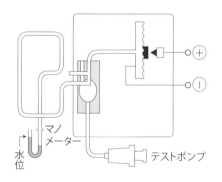

甲種 問 38　**乙種 問 25**　　　　　　　　▶▶正解 4

　Ｐ型３級受信機の火災信号自己保持機能は、省略してもよい。

甲種 問 39　**乙種 問 26**　　　　　　　　▶▶正解 4

　感知器作動警報の作動中に火災信号、火災表示信号若しくは火災情報信号のうち火災表示をする程度に達した旨の信号を受信した場合、即時自動的に火災警報を発すること。

甲種 問 40　**乙種 問 27**　　　　　　　　▶▶正解 1

　差動式スポット型感知器のリーク孔が、ほこり等によりつまったときは、リーク抵抗値が高くなり、感度が高くなる。したがって、周囲温度の上昇率が規定値に達しなくとも作動する。

甲種 問 41　**乙種 問 28**　　　　　　　　▶▶正解 3

　空気管の切断は、火災時に失報となる重大事故である。差動式分布型感知器の作動試験により確認する必要がある。

1 × 受信機の電源電圧計とは無関係である。
2 × 主音響警報装置は鳴動しない。
3 ○ 受信機は通常の警戒状態を維持する。
4 × 消火設備が連動して作動することはない。

甲種 問 42　**乙種 問 29**　　　　　　　　▶▶正解 1

　光電式スポット型感知器は、周囲の空気が一定の濃度以上の煙を含むに至ったときに火災信号を発信するもので、一局所の煙による光電素子の受光量の変化により作動するものをいう。

甲種 問43　乙種 問30 ▶▶ **正解 3**

　P型1級発信機は、火災信号を伝達したとき、受信機が当該信号を受信したことを確認することができる装置を有することとされている。したがって、受信機盤面には発信機灯が、P型1級発信機には応答確認灯が必要となる。
　P型2級発信機にはこの規定がない。

甲種 問44 ▶▶ **正解 3**

　火災警報は、第1警報音・音声・無音・第1警報音・音声・無音・第2警報音の順に連続かつ反復する構成としなければならない。

甲種 問45 ▶▶ **正解 4**

　G型受信機は、ガス漏れ信号を受信したとき、黄色のガス漏れ灯及び主音響装置によりガス漏れの発生を、地区表示装置により当該ガス漏れの発生した警戒区域をそれぞれ自動的に表示するものでなければならない。

●自動火災報知設備受信機の機能比較

機能＼受信機の種類	R型	P型1級 多回線	P型1級 1回線	P型2級 多回線	P型2級 1回線	P型3級
回線数	無制限	無制限	1回線	最大5回線	1回線	1回線
予備電源	○	○	○	○	△	△
火災灯（赤色）	○	○	△	△	△	△
地区表示装置（灯）	○	○	△	○	△	△
地区音響装置	○	○	○	○	△	△
主音響装置の音圧	85dB	85dB	85dB	85dB	85dB	70dB
火災表示の保持	○	○	○	○	○	△
火災表示試験装置	○	○	○	○	○	○
導通試験装置	○	○	△	×	×	×
電話連絡装置（＋応答回路）	○	○	×	×	×	×

○必要　△省略してもよい　×規格上規定がない

鑑別等試験

甲種 5 問
乙種 5 問

甲種 問 1　　乙種 問 1

正解

	A	B
名称	接地抵抗計	絶縁抵抗計
用途	受信機等に使用されている接地電極の接地抵抗を測定する。	電路と大地間、または電路間の絶縁抵抗を測定する。

甲種 問 2　　乙種 問 2

正解

	名称	対象感知器	校正期間
A	加熱試験器	スポット型熱感知器	10 年
B	加煙試験器	スポット型煙感知器	10 年
C	感度試験器	スポット型煙感知器	3 年

甲種 問 3　**乙種 問 3**

正解

記号	イ、エ

　スイッチ注意灯は、ロックスイッチが定位置にない場合に点滅する。予備電池や感知器回路とは関係がない。

甲種 問 4　**乙種 問 4**

正解

P型1級発信機には電話ジャックがあるが、P型2級発信機にはない。
P型1級発信機には応答確認灯があるが、P型2級発信機にはない。

甲種 問 5　**乙種 問 5**

正解

A	イ	B	ウ

　アは発信機、イは受信機、ウは火災通報装置、エは地区音響装置、オは機器収容箱である。

▶▶ 問題　本冊 P.33 ～ P.37　21

甲種 問1

条件に従って設備平面図を完成させる。

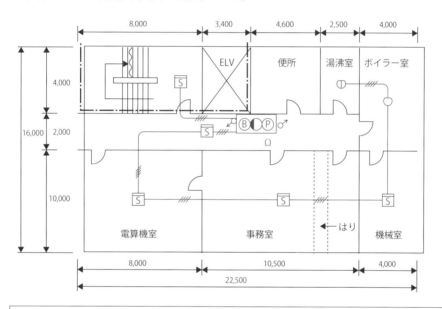

◎設計のポイント

（15）項の2階部分ではあるが、無窓階に該当するため煙感知器主体の設計になる。

感知器の選定

（15）項で無窓階であるため、事務室、機械室は光電式スポット型感知器、廊下にも光電式スポット型感知器が選択される。

以下の部屋は、防火対象物の用途にかかわらず、環境に合致した感知器を選択する。

・湯沸室は、水蒸気の影響と熱源を考慮し、定温式スポット型防水感知器。
・ボイラー室は、高温環境が想定され、定温式スポット型感知器。
・電算機室は、ケーブル火災の可能性から、光電式スポット型感知器。
・たて穴である階段は、光電式スポット型感知器。

22

甲種 問2

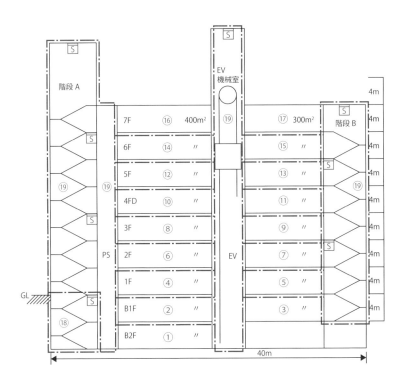

　たて穴区画である階段A、階段B、EV、PSは、水平距離40m以内となるため、1警戒区域にまとめる。

　階段Aは、地下2階からの階段であるため、地下階と地上階は別警戒区域とする。

　EV機械室に設けた光電式スポット型感知器でEV昇降路も警戒する。

消防関係法令（法令共通）

甲種 問1　**乙種 問1**　　　　　　　　　　　▶▶**正解 2**

消法第17条、第21条の8、第21条の13及び消令第34条の2に関する問題である。

1 ○ 検定に合格したことを示す表示等を付していないものの販売・使用等は禁止されている。
2 × 特定防火対象物に限らず、延べ面積の2分の1以上の増築工事の場合、新しい基準を適用する。
3 ○ 消防用設備等の設置及び維持は、物件の関係者の責務である。
4 ○ 不正手段発覚による型式適合検定合格の取り消しは、日本消防検定協会又は登録検定機関が行う。

甲種 問2　**乙種 問2**　　　　　　　　　　　▶▶**正解 2**

消令第8条、第10条に関する問題である。

1 ○ 防火対象物が開口部のない耐火構造の床または壁で区画されている場合は、区画された部分をそれぞれ別の防火対象物とみなして、消防用設備の設置及び維持の技術上の基準を適用する。
2 × 無窓階に対する設置基準は、普通階に比べて厳しくなる。これは無窓階が普通階に比較し火災時の危険度は高くなると考えるためであり、消防用設備等の設置免除は考えられない。
3 ○ 消防用設備等の設置単位は、原則として「棟」である。
4 ○ 建築物と建築物が渡り廊下で接続されている場合、構造要件によっては、それぞれを別棟扱いとする場合もあるが、原則は一棟とする。

甲種 問3　　**乙種 問3**　　　　　　　　　　▶▶**正解4**

（○×は、統括防火管理者の必要、不要を表す。）

1 ○ カラオケ店は（2）項ニに該当し、3 階以上かつ収容人員 30 人以上で統括防火管理者を必要とする。

2 ○ 特別養護老人ホームは（6）項ロに該当し、3 階以上かつ収容人数 10 人以上で統括防火管理者を必要とする。

3 ○ 病院は（6）項イに該当し、3 階以上かつ収容人数 30 人以上で統括防火管理者を必要とする。

4 × 事務所は（15）項に該当し、階の規模、収容人数にかかわらず統括防火管理者を必要としない。

●特定防火対象物一覧（消令別表 1 より抜粋）

項		種　類
(1)	イ	**劇場、映画館、演芸場、観覧場**
	ロ	公会堂、集会場
(2)	イ	**キャバレー、カフェー、ナイトクラブ**等
	ロ	遊技場、ダンスホール
	ハ	性風俗関連特殊営業店舗等
	ニ	**カラオケボックス**等
(3)	イ	待合、料理店等
	ロ	飲食店
(4)		百貨店、マーケット等、展示場
(5)	イ	**旅館、ホテル、宿泊所**等
(6)	イ	病院、診療所、助産所
	ロ	老人短期入所施設等
	ハ	老人デイサービスセンター等
	ニ	幼稚園、特別支援学校
(9)	イ	蒸気浴場、熱気浴場
(16)	イ	**特定用途を含む複合用途防火対象物**
(16 の 2)		**地下街**
(16 の 3)		**準地下街**

甲種 問4　**乙種 問4**　　　　　▶▶正解 4

1 ○ 建築基準法で定められている規制は選択肢のとおりであり、人命の安全確保に重点が置かれている。
2 ○ 建築基準法は、その基準を建築物ごとに適用する。
3 ○ 防火地域又は準防火地域にある建築物には、必要な防耐火性能の基準が定められている。
4 × 防火区画とは火災時の炎や煙の拡大を防止する区画単位のことである。

甲種 問5　**乙種 問5**　　　　　▶▶正解 2

消令第 7 条及び第 29 条の 4 に関する問題である。

1 × 連結散水設備は消火設備に含まれない。
2 ○ 選択肢のとおりであり、警報設備には非常ベル、自動火災報知設備、放送設備等のほか、ガス漏れ火災警報設備、漏電火災警報器、警鐘等がある。
3 × 避難階段、非常用エレベータ、排煙設備等は避難設備に含まれない。
4 × 動力消防ポンプは消火設備であり、消火活動上必要な施設ではない。

甲種 問6　**乙種 問6**　　　　　▶▶正解 4

消法第 17 条の 5、消令第 3 条の 2、第 36 条の 6 及び消則第 33 条の 17 に関する問題である。

1 × 消防計画の作成は、物件の関係者又は防火管理者の責務である。
2 × 消防設備士免状を亡失、滅失又は破損した場合には、免状の交付または書換えをした都道府県知事に再交付を申請することができる。
3 × 再講習の受講期限は、免状の交付以後最初の 4 月 1 日から 2 年以内、その後は再講習を受講後最初の 4 月 1 日から 5 年以内である。
4 ○ 消防設備士が工事・整備を行う消防用設備等は、消防設備士の資格の種類によって決められている。

●消防設備士でなければ行ってはならない工事・整備

（○×は、業務の可否を表す。）

消防用設備等の種類	消防設備士資格		業務範囲	
			工　事	整　備
特殊消防用設備等	特類	甲	○	○
屋内消火栓設備、屋外消火栓設備、スプリンクラー設備、水噴霧消火設備等	1 類	甲	○	○
		乙	×	○
泡消火設備、特定駐車場用泡消火設備等	2 類	甲	○	○
		乙	×	○
不活性ガス消火設備、ハロゲン化物消火設備、粉末消火設備等	3 類	甲	○	○
		乙	×	○
自動火災報知設備、ガス漏れ火災警報設備、消防機関へ通報する火災報知設備等	4 類	甲	○	○
		乙	×	○
金属製避難はしご（固定式）、救助袋、緩降機	5 類	甲	○	○
		乙	×	○
消火器	6 類	乙	×	○
漏電火災警報器	7 類	乙	×	○

第2回 ［筆記］

甲種 問7　▶▶正解 1

1 ○ なお、総合点検の結果の報告は1年又は3年に1回行う。
2 × 機器点検は6か月ごとに行う。
3 × 総合点検は1年ごとに行う。
4 × 任意設置の場合は、消防用設備等の点検の結果を報告する必要はない。

甲種 問8　▶▶正解 1

1 × 消防用設備等の工事又は整備は消防設備士の業務の範疇である。
2 ○ 消防用設備は危険物製造所等の一部と考える。
3 ○ 消防用設備は危険物製造所等の設備の一部と考える。
4 ○ 消防用設備等は規格に合格したものを使用する必要がある。

消防関係法令（法令類別）

甲種 問 9 **乙種 問 7** ▶▶ **正解 4**

1 ○ 新築において、設置する P 型 1 級受信機の数は、操作上の問題から 1 台とする。
2 ○ 最大でも 3 台以上の受信機を設けてはならない。
3 ○ P 型 2 級受信機の 1 回線のものは延べ面積 350m² 以内の防火対象物に使用することができる。
4 × P 型 3 級受信機は 150m² までの防火対象物で使用することができる。

甲種 問 10 **乙種 問 8** ▶▶ **正解 1**

消則第 24 条及び受信機規格に関する問題である。

1 × 発信機の設置位置は、その階の各部分から 1 の発信機までの歩行距離を 50m 以下とする。
2 ○ 正しい。地区音響装置の音圧は、1m 離れた位置で 90dB（音声によるものは 92dB）以上必要である。
3 ○ P 型 2 級受信機で接続できる回線が多回線のものの場合は、地区音響装置が接続できなくてはならない。
4 ○ P 型 3 級受信機には発信機及び地区音響装置は不要である。

甲種 問 11 **乙種 問 9** ▶▶ **正解 3**

特定防火対象物は自動火災報知設備を省略することができない。

1 × 3 階建てのレストランは特定防火対象物のため、省略できない。
2 × 煙感知器を必要とする部分は省略できない。
3 ○ 10,000m² の美術館（平屋、普通階）は特定防火対象物に該当せず、また、地階、無窓階又は 11 階以上の階に該当しないため、省略することができる。
4 × ホテルの地階は特定防火対象物のため、省略できない。

●自動火災報知設備の設置基準

項	特定防火対象物	防火対象物の種類	延べ面積（以上）	特定1階段※1	地階・無窓階（床面積・以上）	3階以上	11階以上	通信機器室	駐車用途	道路用途	指定可燃物
(1)イ	✓	劇場、映画館、演芸場、観覧場	300m²	全て	床面積300m²以上のもの		全て	床面積500m²以上のもの	地階又は2階以上で床面積200m²以上のもの	屋上で床面積600m²以上のもの／屋上以外で床面積400m²以上のもの	指定数量の500倍以上の貯蔵又は取り扱うもの
(1)ロ	✓	公会堂、集会場	300m²								
(2)イ	✓	キャバレー、カフェー、ナイトクラブ等	300m²	全て							
(2)ロ	✓	遊技場、ダンスホール	300m²								
(2)ハ	✓	性風俗関連特殊営業店舗等	300m²								
(2)ニ	✓	カラオケボックス等	全て	100m²							
(3)イ	✓	待合、料理店等	300m²	全て							
(3)ロ	✓	飲食店	300m²								
(4)	✓	百貨店、マーケット等、展示場	300m²								
(5)イ	✓	旅館、ホテル、宿泊所等	全て	300m²							
(5)ロ		寄宿舎、下宿、共同住宅	500m²								
(6)イ	✓	病院、診療所、助産所（無床診療所、無床助産所を除く）	全て	全て							
(6)イ	✓	無床診療所、無床助産所	300m²								
(6)ロ	✓	老人短期入所施設等	全て								
(6)ハ	✓	老人デイサービスセンター等	全て※5								
(6)ニ	✓	幼稚園、特別支援学校	300m²								
(7)		小学校、中学校、高等学校、大学等	500m²	300m²							
(8)		図書館、博物館、美術館等	500m²								
(9)イ	✓	蒸気浴場、熱気浴場	200m²	全て							
(9)ロ		イ以外の公衆浴場	500m²								
(10)		車両の停車場、船舶・航空機の発着場	500m²								
(11)		神社、寺院、教会等	1000m²								
(12)イ		工場、作業場	500m²								
(12)ロ		映画スタジオ、テレビスタジオ	500m²								
(13)イ		自動車車庫、駐車場	500m²								
(13)ロ		飛行機の格納庫等	全て								
(14)		倉庫	500m²								
(15)		前各項に該当しない事業場	1000m²								
(16)イ	✓	特定用途を含む複合用途防火対象物	300m²	全て	※4						
(16)ロ		イ以外の複合用途防火対象物	※2		300m²						
(16の2)	✓	地下街	300m²※6								
(16の3)	✓	準地下街	※3								
(17)		重要文化財等	全て								

※1 特定1階段等防火対象物：特定部分が地階又は3階以上にあり、地上に直通する屋内階段が1以下のもの（屋外に避難階段がない場合に限る）。

※2 それぞれの用途ごとに、判定する。

※3 延べ面積500m²以上かつ特定用途部分の床面積合計が300m²以上。

※4 (2)項イからハ又は(3)項に掲げる防火対象物の用途に供される部分の床面積の合計が100m²以上。

※5 利用者を入居させ、又は宿泊させるものでない場合は、300m²以上。

※6 (2)項ニ、(5)項イ、(6)項イ（無床診療所、無床助産所を除く）、(6)項ロ、(6)項ハ（利用者を入居させ、または宿泊させるものに限る）の用に供されるものは全て。

消則第 23 条に関する問題である。

1 ○ 定温式スポット型 1 種は、水蒸気が多量に滞留する場所に適している。
2 ○ 定温式スポット型 1 種は、著しく高温となる場所に適している。
3 × 排気ガスが多量に滞留する場所には、差動式感知器が適している。
4 ○ 定温式スポット型 1 種は、著しく高温となる場所に適している。

甲種 問 13 ▶▶**正解 4**

消則第 24 条に関する問題である。

1 ○ 地階での火災では、出火階、直上階、その他の地階に限って鳴動させる。
2 ○ 1 階での火災は、地階からの避難経路上の火災であるため、出火階、及び直上階に加え地階全体も鳴動させる。
3 ○ 2 階での火災では、出火階＋直上階に限って鳴動させる。
4 × 最上階（この問題の場合、5 階）での火災では、出火階に限って鳴動させる。出火階＋直下階鳴動の規定はない。

甲種 問 14 ▶▶**正解 2**

消令第 23 条及び消則第 25 条に関する問題である。

1 ○ 消令別表 1（5）項イ、（6）項イ～ハ以外は電話で火災通報装置の代替ができる。
2 × 老人短期入所施設は消令別表 1（6）項ロに該当し、電話での火災通報装置の代替は認められない。
3 ○ 消防機関から歩行距離が 500m 以下の場所にある場合は、設けなくともよい。
4 ○ 電話での代替が認められない場合でも、消防機関から歩行距離が 500m 以下の場所にある場合は、設けなくともよい。

●消防機関へ通報する火災報知設備の設置基準

消防法施行令別表第一による防火対象物の区分			設置基準	適用除外となる条件
↓電話の設置により適用除外とならないもの				
(6) イ	(1)	特定診療科名を有し、かつ、療養病床または一般病床を有する病院	全部	消防機関が存する建築物内にあるもの
	(2)	特定診療科名を有し、かつ、4人以上の患者を入院させるための施設を有する診療所		
	(3)	(1) を除く病院 (2) を除く有床診療所・有床助産所		消防機関からの歩行距離が 500m 以下の場所にあるもの
	(4)	無床診療所・無床助産所	500m² 以上	
(6) ロ		老人短期入所施設等	全部	
(6) ハ		老人デイサービスセンター等	500m² 以上	
(5) イ		旅館、ホテル、宿泊所等		
↓電話の設置により適用除外となるもの((6) イ (1) (2) の用途部分を除く)				
(16の2)、(16の3) … (6) イ (1) (2) の用途部分があるもの			全部	消防機関が存する建築物内にあるもの
(16の2)、(16の3) … (6) イ (1) (2) の用途部分がないもの				消防機関からの歩行距離が 500m 以下の場所にあるもの
(1)、(2)、(4)、(6) ニ、(12)、(17)			500m² 以上	
(3)、(5) ロ、(7) ～ (11)、(13) ～ (15)			1,000m² 以上	

※消防機関から著しく離れた場所にあるものは、すべて適用除外となる。

甲種 問15　　　　　　　▶▶正解 3

消令第 21 条に関する問題である。

自動火災報知設備の警戒区域とは、火災の発生した区域を他の区域と区別して識別することができる最小単位の区域をいう。自動火災報知設備では、警戒区域ごとに回線を設けて、感知器等を設置し、受信機に火災信号が届いた場合は、その信号がどの回線から発信されたかによって、火災が発生した区域を特定することができる。

防火対象物の規模が大きければ大きいほど、万一火災が発生したときに、建物のどの部分でその火災が起きているのかを、いち早く正確に知ることが

重要になる。

　自動火災報知設備の受信機に接続される回線の数は、その自動火災報知設備が設置されている防火対象物（またはその一部分）の警戒区域の数と一致する。

　P型1級受信機（多回線用）は接続できる回線の数に制限がない、また、P型2級受信機（多回線用）に接続できるのは5回線以下である。

1　○　P型受信機の地区灯は、1警戒区域につき1つで対応している。
2　○　2階層の合計面積が500m²以下の場合は、1警戒区域としてもよい。
3　×　1の警戒区域の面積は、原則600m²以下とする。
4　○　光電式分離型感知器を設置した場合に限り、1の警戒区域の一辺は、100m以下となる。

●自動火災報知設備の警戒区域の定義

定　義	
警戒区域とは、火災の発生した区域をほかの区域と区別して識別することができる最小単位の区域をいう。	
原　則	例　外
防火対象物の2以上の階にわたらないこと。	2の階にわたって警戒区域の面積が500m²以下の場合は、防火対象物の2の階にわたることができる。
1の警戒区域の面積は600m²以下とすること。	主要な出入口から内部を見通すことができる場合は、1の警戒区域を1,000m²以下とすることができる。
一辺の長さは50m以下とする。	光電式分離型感知器を設置する場合は、100m以下にすることができる。

機械又は電気に関する基礎的知識
（電気に関する部分）

甲種 問 16　乙種 問 11　　　　　▶▶正解 1

単体の抵抗 R は抵抗率 ρ と長さ L に比例し、断面積 S に反比例する。

●単位記号表

名称（記号）	単 位	名称（記号）	単 位
電流（I）	A	誘導リアクタンス	Ω
電圧（V）	V	容量リアクタンス	Ω
抵抗（R）	Ω	インピーダンス	Ω
電力（P）	W	実効値電流	A
時間（t）	秒 [s]、分 [m]、時 [h]	実効値電圧	V
電荷量（q）	C	力率（$\cos \theta$）	—
抵抗率（ρ）	Ω・m	—	—

甲種 問 17　乙種 問 12　　　　　▶▶正解 4

問題の図は、次の図のように考えることができる。

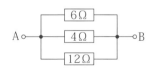

このような並列回路の場合、抵抗の最小公倍数をそろえて計算するとよい。

この問題の場合、12 Ω にそろえると、6 Ω は 12 Ω が 2 本分、4 Ω は 12 Ω が 3 本分と考えられる。

これをふまえて式にすると、12 Ω ÷ 6 本＝ 2 ［Ω］

よって、正解は 2 Ω となる。

▶▶ 問題　本冊 P.50

合成抵抗を求め、オームの法則から電流 I を計算する。

合成抵抗を求めるために、回路の右にある各抵抗をみると 4 Ω と 8 Ω の抵抗は直列であり、

4 Ω＋8 Ω＝12 Ω となる。

合成抵抗は「逆数の和の逆数」で求められるため、

$$\frac{1}{\dfrac{1}{12}+\dfrac{1}{6}}=\frac{1}{\dfrac{1}{4}}=4\ [\Omega]$$

$$I=\frac{10}{4}=2.5\ [A]$$

4 Ω の抵抗が並ぶ回路の左側も、3 Ω の抵抗が並ぶ回路の右側も、どちらも並列回路となるため、左側、右側で抵抗はそれぞれ 1 Ω であり、合成抵抗は 2 Ω となる。

ここから、オームの法則より電流 I を計算すると、10A となる。

消費電力 P は、$P = I \times V$ で求められるため、

$P = 10 \times 20 = 200\ [W]$

可動コイル形は直流回路用で均等目盛をもち、可動鉄片型は交流回路用で不均等目盛をもつ。

●目盛の種類

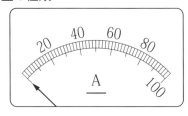

均等目盛

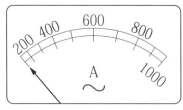

不均等目盛

甲種 問21　　　▶▶**正解 3**

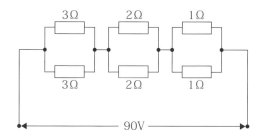

　合成抵抗を求めれば、オームの法則を用いて電流値を導き出すことができる。

　合成抵抗は、「逆数の和の逆数」で求める。

$$\frac{1}{\frac{1}{3}+\frac{1}{3}}+\frac{1}{\frac{1}{2}+\frac{1}{2}}+\frac{1}{\frac{1}{1}+\frac{1}{1}}$$

$$=\frac{3}{2}+\frac{1}{1}+\frac{1}{2}$$

$$=3\ [\Omega]$$

$$I=\frac{V}{R}=\frac{90}{3}=30\ [A]$$

●オームの法則

$$V=RI\ [V]$$
$$I=\frac{V}{R}\ [A]$$
$$R=\frac{V}{I}\ [\Omega]$$

甲種 問22　　　▶▶**正解 2**

　コンデンサを直列に接続した場合の合成静電容量は、「逆数の和の逆数」であるため、次の式で求めることができる。

$$\frac{1}{\frac{1}{0.2}+\frac{1}{0.3}}=0.12\ [\mu F]$$

甲種 問23 ▶▶ **正解 2**

1 ○ 正弦波交流の電圧の平均値は最大値の $\dfrac{2}{\pi}$ 倍である。

2 × 正弦波交流の電流の実効値は、最大値の $\dfrac{1}{\sqrt{2}}$ 倍である。

3 ○ $\dfrac{1}{4}$ 周期、$\dfrac{\pi}{2}$ 又は 90°は、いずれも位相のずれを示す。

4 ○ 静電容量だけの回路で正弦波交流の電圧を加えると、電流の位相は電圧の位相より $\dfrac{\pi}{2}$ [rad] だけ進む。

甲種 問24 ▶▶ **正解 4**

力率 $= \dfrac{有効電力}{皮相電力} = \dfrac{R}{Z}$ で求めることができる。

合成インピーダンス Z は次の式で求める。

$$Z = \sqrt{R^2 + (X_L - X_C)^2}$$
$$= \sqrt{20 \times 20 + 15 \times 15}$$
$$= \sqrt{625} = 25 \ [\Omega]$$

$$\dfrac{R}{Z} = \dfrac{20}{25} = 0.8$$

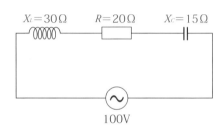

甲種 問25 ▶▶ **正解 2**

1 ○ 設問のとおり。蓄電池の充電原理の説明である。
2 × 蓄電池の容量は［Ah］で表す。
3 ○ 設問のとおり。鉛蓄電池の構成の説明である。
4 ○ 設問のとおり。アルカリ電池の構成の説明である。

消防用設備等の構造、機能及び工事又は整備の方法

（電気に関する部分）

甲種 問 26　乙種 問 16　　　　　▶▶正解 1

電圧計は負荷と並列に、電流計は直列に接続することが正しい接続方法である。

甲種 問 27　乙種 問 17　　　　　▶▶正解 1

絶縁抵抗の正常値は 100V で 0.1MΩ以上、200V で 0.2MΩ以上、400V で 0.4MΩ以上である。

甲種 問 28　乙種 問 18　　　　　▶▶正解 2

自動火災報知設備では、地区音響装置と受信機間に耐熱電線が必要である。常用電源と受信機間、発信機と受信機間、感知器と受信機間は一般電線でよい。

甲種 問 29　乙種 問 19　　　　　▶▶正解 3

1 × 空気管につまりがある場合の水高下降時間は遅くなる。
2 × 接点水高値と流通試験との関係はない。
3 ○ 漏れがあった場合は、マノメーターの水高下降時間は早くなる。
4 × 接点水高値と流通試験との関係はない。

甲種 問 30　乙種 問 20　　　　　▶▶正解 2

差動式分布型（空気管式）感知器の流通試験を行うときは、マノメーターの水高（半値）はおおむね 100mm まで上げる。

　煙感知器（光電式分離型感知器を除く）の設置は、吹出口端から感知器中心までを 1.5m 以上とする。

1 ○ 近距離では小さな裸火でも動作するので注意が必要である。
2 × 炎感知器は、じんあいやほこりの影響は受けにくい。
3 ○ ハロゲンランプや殺菌灯からは、強い紫外線が放出される。
4 ○ 直射日光や自動車のヘッドライトが直接当たるような場所に設置しないのは、非火災報を防ぐために必要な配慮である。

●炎感知器の作動原理

紫外線式	スポット型	炎から放射される**紫外線**の変化が一定以上になったときに火災信号を発信するもので、紫外線による受光素子の受光量の変化により作動するもの。
赤外線式	スポット型	炎から放射される**赤外線**の変化が一定以上になったときに火災信号を発信するもので、赤外線による受光素子の受光量の変化により作動するもの。

※このほかに、紫外線赤外線併用式等がある。

　消則第 24 条及び受信機規格第 4 条に関する問題である。

1 × 周囲の明るさ 300 ルクスの部屋では、前方 3m から識別できるように設ける。
2 ○ 試験は、1 回線ごとに自己保持を確認しながら行う必要がある。
3 ○ 同時作動試験も火災表示試験と同じ回線選択スイッチにて行う。
4 ○ ベルの場合は 90dB 以上、音声によって警報を発するものは 92dB 以上の音圧が必要である。

甲種 問34　**乙種 問24**　　　　　　▶▶**正解3**

消則第24条に関する問題である。

P型2級受信機（1回線）を設置できる最大面積は、350m²である。

なお、P型1級受信機の最大設置面積は600m²、P型3級受信機は150m²である。

甲種 問35　　　　　　　　　　　▶▶**正解1**

差動式分布型（空気管式）感知器のテストポンプで、空気を送気しない試験は、燃焼試験である。

●各試験の概要

燃焼試験	実際に燃料に**点火**して行う試験である。
接点水高試験	ダイヤフラムの**感度**を調べる試験である。
流通試験	空気管のつまりや漏れを調べる試験である。
作動試験	テストポンプによる送気で**感知器動作**を確認する試験である。

甲種 問36　　　　　　　　　　　▶▶**正解4**

消則第24条に関する問題である。

共通線は7回線につき1本必要である。

甲種 問37　　　　　　　　　　　▶▶**正解4**

1 ○ 配線を接続した場合、引っ張り強度は通常より20%以上減少させないこと。

2 ○ 配線は、スリーブを用いて確実に接続すること。

3 ○ 接続の際は、互いの配線をろう付けした後、絶縁ビニル等で被覆すること。

4 × 配管内では、電線に接続点を設けてはならない。

消防用設備等の構造、機能及び工事又は整備の方法
（規格に関する部分）

| 甲種 8 問 |
| 乙種 6 問 |

甲種 問 38 **乙種 問 25** ▶▶ **正解 2**

感知器規格第 14 条に関する問題である。

1 × 公称作動温度 85℃は規格上存在しない。
2 ○ 定温式スポット型感知器 1 種の公称作動温度 150℃は規格に適合する。
3 × 公称作動温度 50℃は規格上存在しない。
4 × 定温式スポット型感知器に 3 種は存在しない。

甲種 問 39 **乙種 問 26** ▶▶ **正解 3**

受信機規格第 4 条に関する問題である。
受信機の予備電源において、常用電源が戻ったとき自動的に予備から常用に切り替える装置が必要である。

甲種 問 40 **乙種 問 27** ▶▶ **正解 1**

受信機規格第 8 条に関する問題である。

1 × 受信から火災表示までの所要時間は 5 秒以内である。
2 ○ 交流電源を監視する装置には、交流電源灯等が該当する。
3 ○ 音響装置の鳴動を停止するスイッチには、主音響停止スイッチ、地区音響停止スイッチがある。
4 ○ 復旧スイッチは専用のものとする。

甲種 問41　**乙種 問28**　　　　　　　　▶▶**正解 2**

受信機規格第4条に関する問題である。

電球切れのリスク低減のため、1地区表示に対し電球を2個並列に接続する必要がある。

甲種 問42　**乙種 問29**　　　　　　　　▶▶**正解 2**

ガス漏れ基準に関する問題である。

1 ○ 接触燃焼式は、ガスの酸化作用による白金線の抵抗値の変化を、気体熱伝導度式は、半導体を塗った白金線へのガスの接触による抵抗値の変化を利用した検知方式である。

2 × 爆発下限界の $\frac{1}{200}$ 以下では動作せず、$\frac{1}{4}$ 以上で作動する。温泉採取施設に設ける場合は $\frac{1}{10}$ 以上で作動するものを使用する。

3 ○ 選択肢のとおりであり、半導体式のものは、半導体の表面にガスが吸着し、電気伝導度が上昇する性質を利用した検知方式である。

4 ○ 有電圧出力型では通常6V、警報時12Vのものが多い。

甲種 問43　**乙種 問30**　　　　　　　　▶▶**正解 2**

受信機規格第6条及び第8条に関する問題である。

1 × 火災灯は、1級多回線のみ必要である。
2 ○ 主音響装置は、1級、2級、3級すべてに必要である。
3 × 2級、3級は、導通試験装置を設けなくともよい。
4 × 1級には1回線以上の電話連絡装置が必要だが、2級、3級では電話連絡装置を設けなくともよい。

●自動火災報知設備受信機の機能比較

機能 ＼ 受信機の種類	R型	P型1級		P型2級		P型 3級
		多回線	1回線	多回線	1回線	
回線数	無制限	無制限	1回線	最大 5回線	1回線	1回線
予備電源	○	○	○	○	△	△
火災灯（赤色）	○	○	△	△	△	△
地区表示装置（灯）	○	○	△	○	△	△
地区音響装置	○	○	○	○	△	△
主音響装置の音圧	85dB	85dB	85dB	85dB	85dB	70dB
火災表示の保持	○	○	○	○	○	△
火災表示試験装置	○	○	○	○	○	○
導通試験装置	○	○	△	×	×	×
電話連絡装置 （＋応答回路）	○	○	×	×	×	×

○必要　△省略してもよい　×規格上規定がない

甲種 問44　　　　　　　　　　　　　　▶▶正解 1

鉛蓄電池の単電池あたりの公称電圧は 2V である。

甲種 問45　　　　　　　　　　　　　　▶▶正解 1

ガス漏れ基準に関する問題である。

1 ×　ガス漏れ検知器は検定対象機械器具等に含まれていない。

2 ○　都市ガスのガス漏れ警報は、爆発下限界の $\frac{1}{4}$ 以上で作動させる。

3 ○　ガス漏れ火災警報設備は、自動火災報知設備と同様に警戒区域による警報表示を行う。

4 ○　ガス漏れ火災警報設備の非常電源は、原則として直交変換装置を有しない蓄電池設備によるものとする。また、2回線を10分間作動させ、その間、ほかの回線を監視できることとする。

第2回 [実技]

鑑別等試験

甲種5問
乙種5問

甲種 問1　　乙種 問1

正解

設問1	絶縁抵抗試験

設問2	接地側の接地端子

甲種 問2　　乙種 問2

正解

設問1	騒音計

	測定位置	必要音圧
設問2	地区音響装置の中心から1mの距離	92dB 以上必要

甲種 問3　　乙種 問3

正解

①	②	③	④
×	○	○	×

　消則第23条により、光軸の高さは天井の高さの80%以上としなければならない。また、天井等の高さが15m以上（20m未満）の場合は、1種の感知器としなければならない。

▶▶ 問題　本冊 P.61 〜 P.64　43

甲種 問 4　　乙種 問 4

正解

設問 1	ガス漏れ表示灯

設問 2	音声警報装置	検知区域警報装置

　ガス漏れ表示灯は、ガス漏れ発生の部屋を示すための表示灯である。店舗Ｂ、店舗Ｃはどちらの検知器の動作でも第2回線の火災警報となるため、必要な設置個数は2個である。

　音声警報装置は、音声により防火対象物の中にいる人に対して、検知区域警報装置は、音響によりガス漏れを検知した区域にいる人に対して、ガス漏れの発生を知らせる装置である。

甲種 問 5　　乙種 問 5

正解

設問 1	オ

設問 2	回路導通試験

　火災表示試験は、感知器が作動した場合、受信機の警報・表示機能等が正常であるかを確認する試験である。

　よって、感知器の故障や感知器線の断線は一切影響しない。

製図試験

甲種 問1

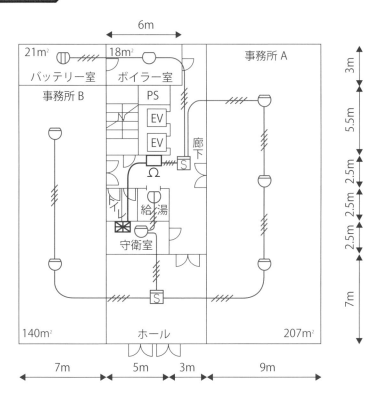

◎設計のポイント

消令別表1（15）項、耐火、普通階であるから差動式スポット型感知器を基本として設計する。

煙感知器を設置すべき場所は通路の一部と考えられるホールと廊下となる。

バッテリー室は定温式スポット型感知器の耐酸型、ボイラー室は定温式スポット型感知器、給湯室は定温式スポット型感知器の防水型を選択する。

終端抵抗は機器収容箱内発信機に取り付けるため感知器への配線はすべて4本の送り配線となる。

正解

設問1	①	②
	5	3,000

設問2

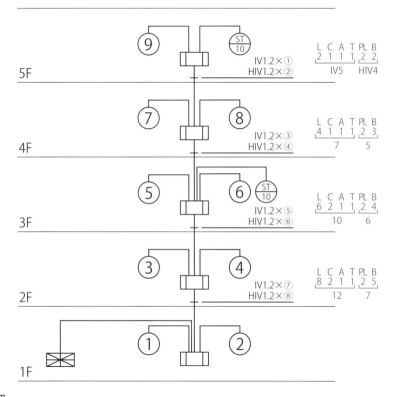

正解

①	②	③	④	⑤	⑥	⑦	⑧
5	4	7	5	10	6	12	7

配線本数を求める問題である。

条件から地区音響は区分鳴動であること、共通線は7回線に1本ではなく、10回線÷2、つまり5回線に1本として計算する。また表示灯は屋内消火栓の上部であり、屋内消火栓の位置表示灯を兼ねるため耐熱配線とする。

═══ 第 3 回 [筆記] ═══

消防関係法令（法令共通）

| 甲種 8 問 |
| 乙種 6 問 |

甲種 問 1　乙種 問 1　　　　▶▶正解 3

消組法第 7 条、第 9 条、第 12 条、第 13 条、第 18 条に関する問題である。

1 ○ 市町村の消防は、条例に従い、市町村長が管理する。
2 ○ 市町村は、その消防事務を処理するため、消防本部、消防署、消防団の全部又は一部を設けなければならないと定められている。
3 × 消防団の設置についても市町村の条例で定めることとなっている。
4 ○ 消防本部の長は消防長、消防署の長は消防署長である。

甲種 問 2　乙種 問 2　　　　▶▶正解 3

消法第 3 条第 1 項に関する問題である。
　消防長、消防署長、消防吏員、市町村長は、屋外における火災の予防又は消防活動の障害除去のための措置を命令する権限を持つ。消防職員に命令権限はない。

甲種 問 3　乙種 問 3　　　　▶▶正解 4

消令第 7 条第 1 項から第 7 項に関する問題である。

1 × 連結散水設備は消火活動上必要な施設であり、消火設備ではない。
2 × 排煙設備は消火活動上必要な施設であり、避難設備ではない。
3 × 防火水槽は消防用水であり、消火活動上必要な施設ではない。
4 ○ 携帯用拡声器は消防の用に供する設備であり、その中の警報設備に含まれる。

●消防用設備等の種類

	消火設備	消火器及び簡易消火用具（水バケツ、乾燥砂等）、屋内消火栓設備、スプリンクラー設備、水噴霧消火設備、泡消火設備、不活性ガス消火設備、ハロゲン化物消火設備、粉末消火設備、屋外消火栓設備、動力消防ポンプ設備
消防の用に供する設備	警報設備	自動火災報知設備、ガス漏れ火災警報設備、漏電火災警報器、消防機関へ通報する火災報知設備、警鐘、携帯用拡声器、手動式サイレンその他の非常警報器具及び非常警報設備（非常ベル、自動式サイレン及び放送設備）
	避難設備	すべり台、避難はしご、救助袋、緩降機、避難橋その他の避難器具、誘導灯及び誘導標識
消防用水		防火水槽又はこれに代わる貯水池その他の用水
消火活動上必要な施設		排煙設備、連結散水設備、連結送水管、非常コンセント設備及び無線通信補助設備
必要とされる防火安全性能を有する消防の用に供する設備等		パッケージ型消火設備、加圧防排煙設備、共同住宅用自動火災報知設備、特定小規模施設用自動火災報知設備等

甲種 問4　　**乙種 問4**　　　　　　　▶▶**正解 3**

消令第 36 条第 2 項に関する問題である。

1 × ホテルは特定防火対象物であり、延べ面積が 1,000m² 以上で、資格者による点検が必要となる。

2 × 物件が特定防火対象物ではなくとも延べ面積が 1,000m² 以上で、消防長が消防設備士による点検を指定した場合は資格者による点検が必要となる。

3 ○ 倉庫は特定防火対象物に該当せず、延べ面積が 1,000m² 以上で消防長が指定した場合のみ資格者による点検が必要となる。

4 × 幼稚園は特定防火対象物であり、延べ面積が 1,000m² 以上で、資格者による点検が必要となる。

甲種 問 5　　乙種 問 5　　　　　　　　　　▶▶ 正解 1

消法第 21 条の 2、第 21 条の 3 及び消令第 37 条に関する問題である。

1 × 検定対象機械器具は、型式承認から型式適合検定合格を経て、販売、陳列を行うことができる。
2 ○ 規格に適合しているかの試験は、日本消防検定協会又は登録検定機関が行い、その結果を総務大臣に通知する。型式承認は、総務大臣が行う。
3 ○ 型式適合検定に合格した消防設備機器は、合格した旨の表示を行うことで販売、陳列が可能となる。
4 ○ 閉鎖型スプリンクラーヘッドのほか、感知器、発信機等も検定対象機械器具等である。

甲種 問 6　　乙種 問 6　　　　　　　　　　▶▶ 正解 3

消則第 31 条の 6 に関する問題である。

1 × 飲食店は、消令別表 1（3）項ロであり、特定防火対象物である。1 年に 1 回の報告が必要である。
2 × 小学校は、消令別表 1（7）項であり、3 年に 1 回の報告が必要である。
3 ○ ホテルは、消令別表 1（5）項イで特定防火対象物である。1 年に 1 回の報告が必要である。
4 × 寄宿舎は、消令別表 1（5）項ロであり特定防火対象物ではない。3 年に 1 回の報告が必要である。

●特定防火対象物一覧（消令別表 1 より抜粋）

項		種　類
(1)	イ	**劇場、映画館、演芸場、観覧場**
	ロ	公会堂、集会場
(2)	イ	**キャバレー、カフェー、ナイトクラブ**等
	ロ	遊技場、ダンスホール
	ハ	性風俗関連特殊営業店舗等
	ニ	**カラオケボックス**等
(3)	イ	待合、料理店等
	ロ	飲食店
(4)		百貨店、マーケット等、展示場
(5)	イ	**旅館、ホテル、宿泊所**等
(6)	イ	病院、診療所、助産所
	ロ	老人短期入所施設等
	ハ	老人デイサービスセンター等
	ニ	幼稚園、特別支援学校
(9)	イ	蒸気浴場、熱気浴場
(16)	イ	**特定用途を含む複合用途防火対象物**
(16の2)		**地下街**
(16の3)		**準地下街**

甲種 問7　　　　　　　　　　　　　　　　▶▶**正解 1**

消法第 17 条の 3 の 2 及び消令第 35 条に関する問題である。

1 ○ 300m² 以上の特定防火対象物は、消防長又は消防署長に設置届を提出
し、検査を受けなくてはならない。
2 × 設置届は建築主事ではなく、消防長又は消防署長に届け出る。
3 × 誤りである。設置届を提出するのは、防火対象物の関係者である。
4 × 300m² 以上の非特定防火対象物の場合、設置届を提出しなければなら
ないのは、消防長又は消防署長が指定するものに限る。

甲種 問8　　　　　　　　　　　　　　　　　　▶▶正解 3

　消法第 17 条の 14、第 44 条及び第 17 条の 6 に関する問題である。
　消防用設備等を設置する場合、設置後に提出する設置届とは別に、設置工事の着工前にも届出が必要である。着工届には、設置する消防用設備等の種類や設置場所などを明記し、工事に着手しようとする日の 10 日前までに、消防長または消防署長に提出なければならない。着工届の提出は、甲種消防設備士が行う。

1 ○ 甲種消防設備士は、着工 10 日前までに着工届を出さなくてはならない。
2 ○ 着工届の提出を怠った場合、消防設備士に対して罰則規定がある。
3 × 着工届は甲種消防設備士が提出しなくてはならない。
4 ○ 着工届を提出できるのは甲種消防設備士のみであり、乙種消防設備士は行うことができない。

●着工届と設置届の違い

	届出を行う者	届出先	期　間
着工届	甲種消防設備士	消防長又は消防署長	工事着工 10 日前まで
設置届	防火対象物の関係者	消防長又は消防署長	工事完了後 4 日以内

第3回 [筆記]

消防関係法令（法令類別）

甲種 問9　乙種 問7　　　　　　　　　　　▶▶正解 3

消令第 21 条に関する問題である。

1 × 無床診療所は消令別表 1（6）項イに該当し、入院施設がない場合、300m² 以上で自動火災報知設備の設置が必要となる。
2 × 幼稚園は（6）項ニに該当し、300m² 以上で自動火災報知設備の設置が必要となる。
3 ○ ホテルは（5）項イに該当し、延べ面積にかかわらず自動火災報知設備の設置が必要である。
4 × 神社は（11）項に該当し、1,000m² 以上もしくは重要文化財に指定された場合に自動火災報知設備の設置が必要となる。

甲種 問10　乙種 問8　　　　　　　　　　　▶▶正解 4

消令第 21 条に関する問題である。
「消防法施行令別表 1 における地階、無窓階、及び 3 階以上の階で床面積が 300m² 以上のものは自動火災報知設備を設置する。」
　自動火災報知設備の設置基準には、延べ面積による設置基準のほか、階の規模による規定がある。該当する階には自動火災報知設備を設けなければならない。

（○×は、設置の必要、不要を表す。）
1 ○ 共同住宅の 3 階は、床面積 300m² 以上で自動火災報知設備の設置が必要となる。
2 ○ キャバレーの地階は、床面積 100m² 以上で自動火災報知設備の設置が必要となる。
3 ○ 料理店の 3 階は、床面積 300m² 以上で自動火災報知設備の設置が必要となる。
4 × 事務所は、地階、無窓階、3 階以上の階で床面積 300m² 以上の場合と、11 階以上の階に自動火災報知設備の設置が必要となる。

●自動火災報知設備の設置基準

項	特定防火対象物	防火対象物の種類	延べ面積(以上)	特定1階段 ※1	地階・無窓階(床面積・以上)	3階以上	11階以上	通信機器室	駐車用途	道路用途	指定可燃物
(1)イ	✓	劇場、映画館、演芸場、観覧場	300m²	全て	300m²	全て	地階又は2階以上で床面積200m²以上のもの	床面積500m²以上のもの	屋上で床面積600m²以上のもの　屋上以外で床面積400m²以上のもの		指定数量の500倍以上の貯蔵又は取り扱うもの
(1)ロ	✓	公会堂、集会場									
(2)イ	✓	キャバレー、カフェー、ナイトクラブ等	300m²		100m²						
(2)ロ	✓	遊技場、ダンスホール									
(2)ハ	✓	性風俗関連特殊営業店舗等									
(2)ニ	✓	カラオケボックス等	全て								
(3)イ	✓	待合、料理店等			床面積300m²以上のもの						
(3)ロ	✓	飲食店	300m²								
(4)	✓	百貨店、マーケット等、展示場	300m²								
(5)イ	✓	旅館、ホテル、宿泊所等	全て								
(5)ロ		寄宿舎、下宿、共同住宅	500m²								
(6)イ	✓	病院、診療所、助産所（無床診療所、無床助産所を除く）	全て	全て							
(6)イ	✓	無床診療所、無床助産所	300m²								
(6)ロ	✓	老人短期入所施設等	全て								
(6)ハ	✓	老人デイサービスセンター等	全て※5								
(6)ニ	✓	幼稚園、特別支援学校	300m²								
(7)		小学校、中学校、高等学校、大学等	500m²			300m²					
(8)		図書館、博物館、美術館等	500m²								
(9)イ	✓	蒸気浴場、熱気浴場	200m²	全て							
(9)ロ		イ以外の公衆浴場	500m²								
(10)		車両の停車場、船舶・航空機の発着場	500m²								
(11)		神社、寺院、教会等	1000m²								
(12)イ		工場、作業場	500m²								
(12)ロ		映画スタジオ、テレビスタジオ	500m²								
(13)イ		自動車車庫、駐車場	500m²								
(13)ロ		飛行機の格納庫等	全て								
(14)		倉庫	500m²								
(15)		前各項に該当しない事業場	1000m²								
(16)イ	✓	特定用途を含む複合用途防火対象物	300m²	全て	※4						
(16)ロ		イ以外の複合用途防火対象物	※2			300m²					
(16の2)	✓	地下街	300m² ※6								
(16の3)	✓	準地下街	※3								
(17)	✓	重要文化財等	全て								

※1　特定1階段等防火対象物：特定部分が地階又は3階以上にあり、地上に直通する屋内階段が1以下のもの（屋外に避難階段がない場合に限る）。

※2　それぞれの用途ごとに、判定する。

※3　延べ面積500m²以上かつ特定用途部分の床面積合計が300m²以上。

※4　(2)項イからハ又は(3)項に掲げる防火対象物の用途に供される部分の床面積の合計が100m²以上。

※5　利用者を入居させ、又は宿泊させるものでない場合は、300m²以上。

※6　(2)項ニ、(5)項イ、(6)項イ（無床診療所、無床助産所を除く）、(6)項ロ、(6)項ハ（利用者を入居させ、または宿泊させるものに限る）の用に供されるものは全て。

第3回　[筆記]

消令第 21 条に関する問題である。

この建物は複合用途防火対象物であり、消令別表 1（16）項イ、延べ面積 800m² の防火対象物として判断する必要がある。

1 × 1 階のみで、設置義務の判断はできない。
2 × 2 階のみで、設置義務の判断はできない。
3 × 1 階及び 2 階のみで、設置義務の判断はできない。
4 ○ この建物は複合用途防火対象物であり、（16）イ、延べ面積 800m² の防火対象物であるため、建物全体に自動火災報知設備を設置する。

甲種 問 12　**乙種 問 10**　　　　　　　　　　▶▶ **正解 3**

消令第 21 条第 3 項に関する問題である。

閉鎖型スプリンクラーヘッドの感熱で作動するものは、設置により自動火災報知設備を省略することができる。選択肢のなかで閉鎖型スプリンクラーヘッドの感熱で作動するものは、スプリンクラー設備、水噴霧消火設備、泡消火設備である。粉末消火設備の自動起動は閉鎖型スプリンクラーヘッドによる火災感知と連動起動することはできず、感知器を設置する必要がある。

甲種 問 13　　　　　　　　　　　　　　　　　▶▶ **正解 4**

消令第 21 条の 2 に関する問題である。

1 × 地下街は 1,000m² 以上で設置する。
2 × 事務所は特定防火対象物ではないため、地階であっても設置義務はない。
3 × 劇場（特定防火対象物）の地階は 1,000m² 以上で設置する。
4 ○ 地階の面積が 1,000m² 以上の複合用途防火対象物で、特定用途部分が 500m² 以上含まれる場合はガス漏れ警報設備が必要となる。

甲種 問 14　　　　　　　　　　　　　　　　　▶▶ **正解 4**

消令第 21 条及び消則第 23 条に関する問題である。

（○×は、省略の可、不可を表す。）

1 ○ 倉庫は特定防火対象物ではないため、省略可能である。

2 ○ 工場は特定防火対象物ではないため、省略可能である。

3 ○ 図書館は特定防火対象物ではないため、省略可能である。

4 × 旅館は特定防火対象物であり、閉鎖型スプリンクラーヘッドと感知器を併設する必要がある。

● 特定防火対象物一覧

項		種　類
(1)	イ	**劇場、映画館、演芸場、観覧場**
	ロ	公会堂、集会場
(2)	イ	**キャバレー、カフェー、ナイトクラブ**等
	ロ	遊技場、ダンスホール
	ハ	性風俗関連特殊営業店舗等
	ニ	**カラオケボックス**等
(3)	イ	待合、料理店等
	ロ	飲食店
(4)		百貨店、マーケット等、展示場
(5)	イ	**旅館、ホテル、宿泊所**等
(6)	イ	病院、診療所、助産所
	ロ	老人短期入所施設等
	ハ	老人デイサービスセンター等
	ニ	幼稚園、特別支援学校
(9)	イ	蒸気浴場、熱気浴場
(16)	イ	**特定用途を含む複合用途防火対象物**
(16の2)		**地下街**
(16の3)		**準地下街**

甲種 問15　　　　　▶▶**正解3**

消則第23条に関する問題である。

1 × 炎感知器は、道路側壁又は路端の上方に設置する。

2 × 炎感知器は、道路面から1.0m以上1.5m以下の高さに設ける。

3 ○ 監視員通路が設けられている場合は、通路面からの高さとする。

4 × 1.2mは道路以外に設置する場合の監視空間を示す値である。

機械又は電気に関する基礎的知識

（電気に関する部分）

甲種 問16　乙種 問11　　　　　　　　　▶▶正解 1

1 ×　抵抗率が低い順序は、銀→銅→金となる。
2 ○　抵抗率を表す記号は ρ で、単位は ［Ω・m］である。
3 ○　配線が長いほど電気抵抗は上がり、線材が太いほど抵抗は下がる。
4 ○　金属の抵抗率は、温度の上昇により高くなる。

●単位記号表

名称（記号）	単　位	名称（記号）	単　位
電流（I）	A	誘導リアクタンス	Ω
電圧（V）	V	容量リアクタンス	Ω
抵抗（R）	Ω	インピーダンス	Ω
電力（P）	W	実効値電流	A
時間（t）	秒 [s]、分 [m]、時 [h]	実効値電圧	V
電荷量（q）	C	力率（$\cos \theta$）	—
抵抗率（ρ）	Ω・m	—	—

甲種 問17　乙種 問12　　　　　　　　　▶▶正解 1

　抵抗を並列接続した場合の合成抵抗は、それぞれの抵抗の「逆数の和の逆数」である。

逆数の和　→ $\dfrac{1}{2} + \dfrac{1}{3} + \dfrac{1}{6}$

逆数の和の逆数　→ $\dfrac{1}{\dfrac{1}{2} + \dfrac{1}{3} + \dfrac{1}{6}} = 1$ ［Ω］

甲種 問18 **乙種 問13** ▶▶**正解 2**

フレミングの左手の法則は、中指が電流、人差し指が磁界、親指が電磁力を示している。

●フレミングの左手の法則

N極とS極の間に導体をおき電流を流すと、磁界と電流によって導体を上方向に押し上げる電磁力が働く。

磁界、電流、電磁力の方向を示すのが、フレミングの左手の法則である。

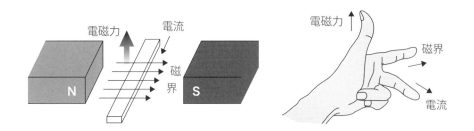

甲種 問19 **乙種 問14** ▶▶**正解 1**

ブリッジ回路の平衡条件は、対角にある抵抗値の積が等しくなることである。

そのため、設問の場合、$PQ = RS$ となる。

●ブリッジ回路の平衡条件

$R_1R_4 = R_2R_3$

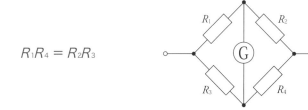

可動コイル形計器の使用電流の下限は、5×10^{-6}A 程度であり、最も電流感度がよい。

そのほか、可動鉄片形計器、電流力計形計器、熱電形計器の使用電流の下限は、1×10^{-3}A 程度となる。

甲種 問 21　　　　　　　　　　　　　　　　　　▶▶正解 2

「2つの電荷の間の電気力は、電荷量の積に比例し、また距離の2乗に反比例する。」

このことを、クーロンの法則とよぶ。

甲種 問 22　　　　　　　　　　　　　　　　　　▶▶正解 3

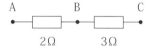

まず、オームの法則を用いて A－B 間の電流を求める。A－B 間の電位差は 10V のため、次の式で求めることができる。

$$I = \frac{V}{R} = \frac{10}{2} = 5 \ [\text{A}]$$

B－C間もA－B間と同じ電流が流れるため、B－C間の電流は5Aとなる。電位差は、電流×抵抗となるため、次の式で求めることができる。
$$V = I \times R = 5 \times 3 = 15 \ [\text{V}]$$

甲種 問 23　　　　　　　　　　　　　　　　　　▶▶正解 1

変圧器の変圧比は、電圧の比と巻数の比に比例する。
$20 : 400 = \square : 1000$
よって、$1000 \times 20 \div 400 = 50$（巻）となる。

甲種 問 24　　　　　　▶▶正解 4

1 × 可動コイル形は、直流用の指示計器である。
2 × 静電形は、交流・直流ともに使用可能な指示計器である。
3 × 電流力計形は、交流・直流ともに使用可能な指示計器である。
4 ○ 整流器形は、交流の回路でのみ使用する。交流用はほかに可動鉄片形等がある。

●指示電気計器の種類

	種類	記号	動作原理等	主な用途
直流回路用	可動コイル形	⌂	永久磁石の磁束と可動コイルに流れる電流により生じる電磁力を利用。電流に対する感度が最も高い。	電圧計・電流計・抵抗計
	可動コイル比率計形	⌂	可動コイル間の電磁作用の比により測定。	絶縁抵抗計
交流回路用	整流器形	▶⊢	可動コイル形に交流を直流に変換する整流器を組み合わせたものが多く、交流用では電流感度が最も高い。	電圧計・電流計
	誘導形	⊙⌇	交番磁束とこれによる誘導電流の電磁力により測定。	電圧計・電流計・電力計・電力量計
	振動片形	⚡	交流により振動片を励磁し、その共振作用を利用して測定。	周波数計
	可動鉄片形	⚡	可動コイルの磁界内に置いた鉄片に働く電磁力により測定。	電圧計・電流計・抵抗計
交直流両用	電流力計形	⇔	固定コイルと可動コイルの間に働く電磁力を利用。	電圧計・電流計・電力計
	静電形	≑	2つの金属板に働く静電気力を利用。	高電圧の電圧計
	熱電形	⌄	熱電対に生じる熱起電力を利用。	高周波の電圧計・電流計

甲種 問 25　　　　　　▶▶正解 3

交流回路のインピーダンス値 Z は、次の式で求めることができる。

$$Z = \sqrt{6^2 + 8^2} = \sqrt{100} = 10 \ [\Omega]$$

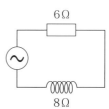

第3回

[筆記]

消防用設備等の構造、機能及び工事又は整備の方法
（電気に関する部分）

甲種 問 26　乙種 問 16　　　　　　　　　　▶▶正解 4

1 × ホイートストンブリッジ法の測定範囲は 1 〜 10⁴ Ωである。

2 × 絶縁抵抗計の測定範囲は 10⁶ Ω以上である。

3 × 接地抵抗計は接地抵抗測定用の機器である。

4 ○ 電位差計法の測定範囲は 10⁻² 〜 10⁵ Ωであり、低抵抗（1 Ω未満）を測定する方法として、適切である。

甲種 問 27　乙種 問 17　　　　　　　　　　▶▶正解 3

　C 種接地は 300V を超える低圧用の器具に用いて、接地抵抗は 10 Ω以下、D 種接地は 300V 以下の低圧用の器具に用いて、接地抵抗は 100 Ω以下であるため、選択肢 3 の組合せが正しい。

甲種 問 28　乙種 問 18　　　　　　　　　　▶▶正解 4

　R 型受信機 − アナログ感知器間は、耐熱電線としなければならない。

　600V ビニル絶縁電線を露出工事としたとき、600V 2 種ビニル絶縁電線を露出工事としたとき、600V ビニル絶縁電線を金属管工事としたときはいずれも耐熱配線とはならず、600V 2 種ビニル絶縁電線を金属管工事としたときのみ耐熱配線となる。

甲種 問 29　乙種 問 19　　　　　　　　　　▶▶正解 3

1 ○ 接点水高試験は、感知器内部のダイヤフラムの感度を調べる試験である。

2 ○ 流通試験は、空気管に穴や漏れがないこと、また、つぶれがないことを確認する試験である。

3 × リーク抵抗試験は、検出部にあるリーク孔からの空気の漏れが適正な範囲内であるかを確認するための試験で、テストポンプとマノメーターを用いて行われる。

4 〇 作動及び作動継続試験は、感知器と空気管の状態を総合的に調べる作動試験である。

甲種 問30　乙種 問20　　　　　　　　　▶▶正解 3

1 × 予備電池の容量の確認は予備電池試験スイッチによる。
2 × 感知器配線の確認は導通試験による。
3 〇 火災表示試験により、火災灯点灯、地区灯点灯、主音響鳴動、地区音響鳴動の4種類の警報が確認できる。
4 × 感知器の故障は、感知器の種類にあった試験器によって行う。

甲種 問31　乙種 問21　　　　　　　　　▶▶正解 3

1 × 感知器が取り外されても断線は検出されない。
2 × 感知器が故障しても断線は検出されない。
3 〇 導通試験は受信機から終端抵抗に至る配線が正常であるかを監視している。終端抵抗の脱落は断線故障の警報を出す。
4 × 断線監視と予備電源容量に関係はない。

●各試験の確認事項

回路導通試験	感知器回路の配線が**断線**していないかなど、回線ごとに確認する試験である。
同時作動試験	複数の警戒区域から同時に火災を受信したとき、**火災表示**が正しく作動するか確認する試験である。
火災表示試験	火災信号を受信した際に、受信機の各装置が正しく**作動**するか確認する試験である。
絶縁抵抗試験	配線－配線間及び配線－大地間の**絶縁抵抗**が正しい範囲であるか確認する試験である。

第3回

[筆記]

消則第 24 条の 2 の 3 に関する問題である。

ガス漏れ表示灯は前方 3m 離れた位置から識別できる必要がある。

1 × ガス漏れ表示灯は、前方 3m 離れた位置から点灯していることを明確に識別できるように設ける。
2 ○ 遅延時間を有するものについてガス漏れ表示試験を行うときは、ガス漏れ表示を確認し、それぞれの警戒区域の遅延時間が 60 秒以内であることを確認しながら行う。
3 ○ 自己保持機能を有するものは、1 回線ごとに自己保持を確認して復旧をする。
4 ○ ガス漏れ表示試験については、回線選択スイッチを 1 回線ずつ回して、それぞれの地区表示灯が点灯していることを確認する。

消則第 24 条に関する問題である。

1 × 自動火災報知設備の発信機は、見つけやすい場所におくべきである。
2 ○ 消火栓の表示灯は発信機の表示灯を兼ねることができる。
3 × 取付高さの最高は 1.5m である。
4 × R 型受信機には電話連絡機能がある。そのため P 型 1 級発信機を接続する必要がある。

1 ○ 火災復旧スイッチで火災表示や誤作動感知器を復旧させる。
2 × （P 型 3 級を除く）受信機は自己保持機能をもつため、感知器が復旧しても警報状態を継続する。
3 × 主電源スイッチはすべての自動火災報知機能を止めるため、切ってはならない。
4 × 発信機の操作と受信機の操作は直接関係はない。

甲種 問 35 ▶▶ 正解 1

1 × 土壁に埋め込む金属管工事は接地工事を必要としない場合がある。
2 ○ 電線は絶縁電線でなければならない。
3 ○ 管の端口には電線保護のためにブッシングを設ける。
4 ○ 金属管の中には電線の接続点を設けない。

甲種 問 36 ▶▶ 正解 2

1 ○ 空気管は壁又は天井等にステップルで固定するが、ステップル間は35cm 以内で、さらに屈曲部から 5cm 以内にしなければならない。
2 × 空気管の接続にはスリーブを用いるが、空気管を壁等に固定する場合、スリーブの両端から 5cm 程度の部分を止め金具等で固定する。
3 ○ 空気管の屈曲部は屈曲半径を 5mm 以上としなければならない。
4 ○ 検出部は 5 度以上傾斜して設置してはならない。

甲種 問 37 ▶▶ 正解 3

1 × イオン電流の変化を検出するのは、イオン化式スポット型（煙感知器）の作動原理である。
2 × 受光量の変化を検出するのは、光電式感知器（煙感知器）の作動原理である。
3 ○ 半導体を塗られた白金をセンサーとし気体の熱伝導度を監視するのは、ガス漏れ検知器の検出原理である気体熱伝導度式の説明として正しい。ほかの検出原理として半導体式、接触燃焼式がある。
4 × バイメタルの反転を利用するのは、定温式スポット型（熱感知器）の作動原理である。

●ガス漏れ検知器の検知方式

半導体式	加熱した半導体の表面に可燃性ガスが吸着すると、半導体の電気抵抗が減少して電流が流れ**やすく**なる。その変化によりガス漏れを検知する方式。
接触燃焼式	白金線のコイルの表面でガスが酸化反応（燃焼）を起こすと、白金線の電気抵抗が増大して電流が流れ**にくく**なる。その変化によりガス漏れを検知する方式。
気体熱伝導度式	半導体を塗った白金線のコイルの表面にガスが接触すると、白金線の**温度**が変化し、電気抵抗も変化する。その変化によりガス漏れを検知する方式。

●作動原理別の感知器の分類

熱感知器	差動式	スポット型	―	1種 2種	周囲の温度上昇率が一定の率以上になったとき火災信号を発するもので**一局所**の熱効果により作動するもの
		分布型	空気管式 熱電対式 熱半導体式	1種 2種 3種	周囲の温度上昇率が一定の率以上になったとき火災信号を発するもので**広範囲**の熱効果の累積により作動するもの
	定温式	スポット型	―	特種 1種 2種	一局所の周囲の温度が一定の温度以上で火災信号を発するもので外観が**電線状以外**のもの
		感知線型	―	特種 1種 2種	一局所の周囲の温度が一定の温度以上で火災信号を発するもので外観が**電線状**のもの
	補償式	スポット型	―	1種 2種	**差動**と**定温**の性能を併せもち1の火災信号を発信するもの
	熱アナログ式	スポット型	―	―	一局所の周囲の温度が一定の範囲内になったとき火災情報信号を発信するもので外観が**電線状以外**のもの

煙感知器	光電式	スポット型	—	1種 2種 3種	周囲の空気が一定の濃度以上の煙を含むに至ったとき**火災信号**を発信するもので**一局所**の煙による光電素子の受光量変化により作動するもの
		分離型	—	1種 2種	周囲の空気が一定の濃度以上の煙を含むに至ったとき**火災信号**を発信するもので**広範囲**の煙の累積による光電素子の受光量変化により作動するもの
	光電アナログ式	スポット型	—	1種 2種 3種	周囲の空気が一定の濃度以上の煙を含むに至ったとき**火災情報信号**を発信するもので**一局所**の煙による光電素子の受光量変化により作動するもの
		分離型	—	1種 2種	周囲の空気が一定の濃度以上の煙を含むに至ったとき**火災情報信号**を発信するもので**広範囲**の煙の累積による光電素子の受光量変化により作動するもの
炎感知器	紫外線式	スポット型	—	—	炎から放射される紫外線の変化が一定以上になったときに火災信号を発信するもので**紫外線**による受光素子の受光量の変化により作動するもの
	赤外線式	スポット型	—	—	炎から放射される赤外線の変化が一定以上になったときに火災信号を発信するもので**赤外線**による受光素子の受光量の変化により作動するもの

※熱感知器には、このほかに熱複合式等がある。
　煙感知器には、このほかにイオン化式等がある。
　炎感知器には、このほかに紫外線赤外線併用式等がある。

消防用設備等の構造、機能及び工事又は整備の方法
（規格に関する部分）

甲種 問 38 **乙種 問 25** ▶▶正解 2

受信機規格第 2 条に関する問題である。

1 × 火災信号若しくは火災表示信号を共通の信号として又は設備作動信号を共通若しくは固有の信号として受信し、火災の発生を防火対象物の関係者に報知するのは P 型受信機である。

2 ○ R 型受信機の説明として正しい。なお、R 型受信機はどの区域のどの感知器が火災信号を発信したのかを、信号により判別することができるため、回線ごとに地区表示灯を設ける必要はない。

3 × R 型受信機は、火災情報信号のみを取り扱う受信機ではない。

4 × R 型受信機にガス漏れ信号を受信する機能はない。

● P 型受信機と R 型受信機の違い

P 型受信機	R 型受信機
火災信号若しくは火災表示信号を共通の信号として又は設備作動信号を共通若しくは固有の信号として受信し、火災の発生を防火対象物の関係者に報知するもの。	火災信号、火災表示信号若しくは火災情報信号を固有の信号として又は設備作動信号を共通若しくは固有の信号として受信し、火災の発生を防火対象物の関係者に報知するもの。

甲種 問 39 **乙種 問 26** ▶▶正解 3

受信機規格第 2 条及び第 6 条に関する問題である。

1 ○ どの警戒区域であっても、火災感知により赤色の火災灯が点灯する。

2 ○ どの警戒区域であっても、ガス漏れ検知により黄色のガス漏れ灯が点灯する。

3 × 火災表示とガス漏れ表示は、それぞれ分けて表示しなければならない。

4 ○ なお、G 型受信機と R 型受信機の機能を併せ持つものが GR 型となる。

甲種 問40　乙種 問27　　　　　　　▶▶正解 1

感知器規格第 2 条等に関する問題である。

動作原理の定義と、規格上定められた各感知器の感度の規定を組み合わせた問題となっている。

1 × 検定規格上、差動式スポット型 3 種の定義はない。
2 ○ 差動式分布型感知器は、空気管式、熱電対式、熱半導体式のいずれも 1 種、2 種及び 3 種に分かれている。
3 ○ 定温式スポット型感知器は、最も感度の高い種別として特種の規格がある。
4 ○ 光電式スポット型感知器は、1 種、2 種及び 3 種に分かれている。

●熱感知器の種類

差動式	スポット型	—	1 種 2 種	周囲の温度上昇率が一定の率以上になったとき火災信号を発するもので**一局所**の熱効果により作動するもの。
	分布型	空気管式 熱電対式 熱半導体式	1 種 2 種 3 種	周囲の温度上昇率が一定の率以上になったとき火災信号を発するもので**広範囲**の熱効果の累積により作動するもの。
定温式	スポット型	—	特種 1 種 2 種	一局所の周囲の温度が一定の温度以上で火災信号を発するもので外観が**電線状以外**のもの。
	感知線型	—	特種 1 種 2 種	一局所の周囲の温度が一定の温度以上で火災信号を発するもので外観が**電線状**のもの
補償式	スポット型	—	1 種 2 種	**差動**と**定温**の性能をあわせもち、1 つの火災信号を発信するもの。
熱アナログ式	スポット型	—	—	一局所の周囲の温度が一定の範囲内になったとき火災情報信号を発信するもので外観が**電線状以外**のもの。

　感知器規格第2条に関する問題である。

1　×　発信機は、自動ではなく手動により火災信号を受信機に発信する。
2　×　P型発信機は、発信と同時に通話することはできない。
3　×　T型発信機は、発信と同時に通話することができる。
4　○　M型発信機は、発信機ごとに固有の信号を発信できる。

　受信機規格第8条に関する問題である。
　P型2級受信機の回線数は5回線以下である。選択肢1、3、4は設問の
とおり。

●自動火災報知設備受信機の機能比較

機能＼受信機の種類	R型	P型1級 多回線	P型1級 1回線	P型2級 多回線	P型2級 1回線	P型3級
回線数	無制限	無制限	1回線	最大5回線	1回線	1回線
予備電源	○	○	○	○	△	△
火災灯（赤色）	○	○	△	△	△	△
地区表示装置（灯）	○	○	△	○	△	△
地区音響装置	○	○	○	○	○	△
主音響装置の音圧	85dB	85dB	85dB	85dB	85dB	70dB
火災表示の保持	○	○	○	○	○	△
火災表示試験装置	○	○	○	○	○	○
導通試験装置	○	○	△	×	×	×
電話連絡装置（＋応答回路）	○	○	×	×	×	×

○必要　△省略してもよい　×規格上規定がない

甲種 問43 乙種 問30　　　　　▶▶正解4

感知器規格第14条第1項に関する問題である。

定温式スポット型感知器の公称作動温度の範囲は、60℃〜150℃が正しい。

設置する部屋の最高温度と周囲温度それぞれと20℃以上の差が必要となっている。

甲種 問44　　　　　　　　▶▶正解1

感知器規格第12条に関する問題である。

「差動式スポット型感知器の作動試験について、2種のものは室温より30℃高い風速85cm/sの垂直気流に投入したとき、30秒以内で火災信号を発信すること。」

なお、差動式スポット型感知器は、1種、2種ともに階段上昇試験による作動時間は30秒以内と規定されている。

甲種 問45　　　　　　　　▶▶正解4

受信機規格第4条第八号に関する問題である。

自動火災報知設備受信機の予備電源の容量は、60分監視後、2回線を10分間警報及び動作ができることと規定されている。

1 ○ 密閉型蓄電池であること。
2 ○ 自動切替え装置を設ける。
3 ○ 口出線は色分けして、誤接続防止措置が講じてある。
4 × 容量は60分監視後、2回線を10分間警報及び動作できなくてはならない。

▶▶ 問題　本冊 P.89〜 P.91

鑑別等試験

甲種 問 1　乙種 問 1

正解

名　称	用　途
A	パイプベンダー （マキシベンダー）	電線管を曲げる。
B	パイプカッター	電線管を切断する。

甲種 問 2　乙種 問 2

正解

設問 1	空気管試験器

設問 2	差動式分布型感知器

　差動式分布型感知器に関する問題である。

　差動式分布型感知器は、天井面に張りめぐらす空気管内部の空気の膨張により火災を判断する。空気管を直接加熱し、作動試験を行うことは難しいため専用の試験器が用意されている。

設問 3	作動試験 作動継続試験 接点水高試験 流通試験 リーク抵抗試験

●各試験の内容

作動試験	感知器の**作動**を確認する。
作動継続試験	感知器の作動から**自己復旧**までの時間を計測する。
接点水高試験	**ダイヤフラム**の感度を計測する。
流通試験	空気管の**つまり**や**漏れ**の有無を確認する。
リーク抵抗試験	**リーク抵抗**が適切な値になっているかを計測する。

甲種 問 3   乙種 問 3

正解

①	②	③	④
8	0.3	4	0.3

甲種 問 4   乙種 問 4

正解

設問 1	点灯した地区表示灯の警戒区域で火災が発生した。

受信機動作に関する問題である。

次の 2 つの原則が理解できていれば、答えを導きだせる。

①受信機は 24 時間 365 日稼動している。

②点検時においても同様に警戒し続けている。

設問 2	当該警戒区域の感知器を 1 個ずつ取り外し、復旧操作を行う。

感知器故障の発見は、面倒でも 1 個ずつ取り外して確認する必要がある。

正解

火災灯
発信機灯
電話灯
電話ジャック
導通試験スイッチ

　P型1級受信機とP型2級受信機の規格上の違いを答える問題である。

　P型1級は回線数の制限がないが、P型2級は最大回線数が5以下と決められている。P型2級は小規模な物件専用であり、そのため機能の省略が認められている。

● P型2級受信機（1回線を除く）に必要のないもの

火災灯	火災代表灯とも呼ばれ、地区表示灯とともに点灯される赤色の表示灯である。
発信機灯	発信機のボタンが押されたときに点灯する。発信機側では応答ランプが点灯する。
電話灯	発信機側の電話ジャックに携帯用送受話器を接続した場合に呼び出し音とともに点灯する。対応発信機は電話連絡機能をもつP型1級に限る。
電話ジャック	送受話器を接続し、発信機設置場所との連絡に用いる。
導通試験スイッチ	不要だが、点検時には別の方法で配線の導通を確認しなくてはならない(回線ごとの最遠端に発信機又は試験用押しボタンを設けるなど)。

製図試験

甲種 問1

正解

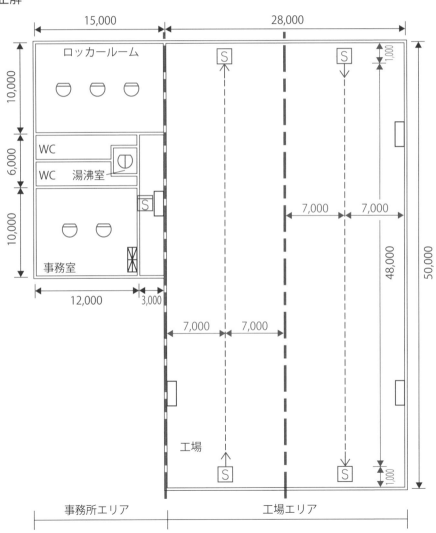

消令別表第 1(12) 項イの工場についての問題である。

　事務所エリアは比較的よくみかける設備図だが、工場エリアは光電式分離型の設計がされており、特徴的な問題となっている。

◎設計のポイント

　光電式分離型感知器の公称監視距離が 30m 以上 49m 以下であるため、工場の短辺で監視することはできない。主要な出入口から内部を見とおすことができるため、工場エリアの警戒区域は 1,000m^2 で考える。

　以上から、工場は 2 警戒となり、それぞれ 1 組の光電式分離型感知器を設置することとなる。

　正解は、図面上に光軸を書き込み、壁からの距離等を記入すること。

　工場 50m、監視距離 49m で未警戒部分が存在しそうだが、分離型感知器は背面を壁から 1m 離すことが認められており、各警戒 1 組でよい。

甲種 問 2

正解

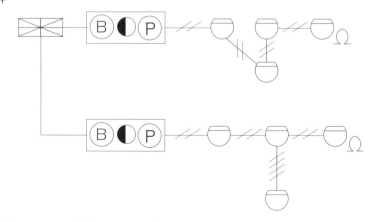

　ポイントは、終端器のある端末へと続く場合は電線が 2 本でよいが、終端器のない端末へは電線が 4 本となることである。

　なお、受信機とつながっているものは機器収容箱であり、機器収容箱とは、表示灯、地区音響装置、発信機などを 1 つの箱に収容したものをいう。受信機からの配線は機器収容箱を経由する。

第4回［筆記］

消防関係法令（法令共通）

甲種 問1　乙種 問1　　　　　　　▶▶**正解3**

消法第2条及び消令第7条に関する問題である。

消火活動上必要な施設に動力消防ポンプ設備は含まれていない。ほかに消火活動上必要な設備には、無線通信補助設備、非常コンセント設備が含まれる。

●消防用設備等の種類

消防の用に供する設備	消火設備	**消火器**及び**簡易消火用具**（水バケツ、乾燥砂等）、屋内消火栓設備、**スプリンクラー設備**、水噴霧消火設備、泡消火設備、不活性ガス消火設備、ハロゲン化物消火設備、粉末消火設備、屋外消火栓設備、動力消防ポンプ設備
	警報設備	**自動火災報知設備**、**ガス漏れ火災警報設備**、漏電火災警報器、消防機関へ通報する火災報知設備、警鐘、携帯用拡声器、手動式サイレンその他の非常警報器具及び非常警報設備（非常ベル、自動式サイレン及び放送設備）
	避難設備	すべり台、**避難はしご**、**救助袋**、緩降機、避難橋その他の避難器具、誘導灯及び誘導標識
消防用水		防火水槽又はこれに代わる貯水池その他の用水
消火活動上必要な施設		**排煙設備**、連結散水設備、連結送水管、非常コンセント設備及び無線通信補助設備
必要とされる防火安全性能を有する消防の用に供する設備等		パッケージ型消火設備、加圧防排煙設備、共同住宅用自動火災報知設備、特定小規模施設用自動火災報知設備等

▶▶ 問題　本冊 P.98～P.101　　75

消令第9条に関する問題である。

1 ○ 消防用設備等の設置基準は、1棟の防火対象物に対して適用するのが基本であるが、複合用途防火対象物については、原則として、それぞれの用途部分を1つの防火対象物とみなして設置基準を適用する。

2 × 全体を1つの防火対象物とみなすのではない。

3 × 特定用途を含む複合用途防火対象物であっても、それぞれの用途部分を1つの防火対象物とみなして設置基準を適用するのが原則である。

4 × 自動火災報知設備の設置基準は、1の解説の例外とされているもののひとつである。特定用途を含む複合用途防火対象物については、全体を1つの防火対象物とみなし、延べ面積300m² 以上の場合に自動火災報知設備を設置する。ただし、延べ面積300m² 未満であっても、それぞれの用途部分を1つの防火対象物とみなした場合に自動火災報知設備の設置義務が生じる部分があるときは、その部分については自動火災報知設備を設置しなければならない（例：カラオケボックス等、ホテル、病院、老人短期入所施設等、老人デイサービスセンター等）。特定用途を含まない複合用途防火対象物については、原則どおり、それぞれの用途部分を1つの防火対象物とみなして自動火災報知設備の設置基準を適用する。

消法第17条の4に関する問題である。

1 ○ 維持命令は消防長又は消防署長が出す。命令を受ける者は物件の関係者で権原を有する者である。消防設備士は関係者からの依頼で工事や整備を行う。

2 × 工事責任者は関係者からの依頼で行う工事の責任者であり、消防長からの命令を受ける立場にはない。

3 × 消防設備士は関係者からの依頼で工事を行う。消防長から直接命令を受けることはない。

4 × 消防設備士は関係者からの依頼で点検を行う。消防長から直接命令を受けることはない。

●防火対象物に対する措置命令

| 消防長又は消防署長

（消防本部がない市町村の場合は、市町村の長） | → 防火対象物の、改修・移転・工事等の停止・中止命令 | 関係者
（防火対象物又は消防対象物の所有者、管理者又は占有者をいう） |

甲種 問4 **乙種 問4** ▶▶**正解1**

　消則第31条の6に関する問題である。
　防火対象物の点検報告は3年に1回、特定防火対象物の点検報告は1年に1回行わなければならない。

1 ○ 地下街は、特定防火対象物であるため、点検報告は1年に1回行う。
2 × 重要文化財等は、特定防火対象物ではないため、点検報告は3年に1回行う。
3 × ホテルは、特定防火対象物であるため、点検報告は1年に1回行う。
4 × 小学校は、特定防火対象物ではないため、点検報告は3年に1回行う。

甲種 問5 **乙種 問5** ▶▶**正解1**

　消法第17条の3の3に関する問題である。
　消防用設備等の点検及び報告は設置されている全ての防火対象物について行う必要がある。
　そのほか、関係者が消防長に対して行うものとしては、消防用設備等の設置工事完了後4日以内に消防長に設置届を提出すること、消防用設備等の不備事項を報告することなどがある。

●着工届と設置届の違い

	届出を行う者	届出先	期　間
着工届	甲種消防設備士	消防長又は消防署長	工事着工10日前まで
設置届	防火対象物の**関係者**	消防長又は消防署長	工事完了後4日以内

▶▶ 問題　本冊 P.101 ～ P.102　　77

第4回

［筆記］

消法第17条の3の2及び第17条の3の3に関する問題である。

1 ○ 消防設備士は、消防長に消防用設備等の着工届を提出する。
2 × 設置届の提出は、物件の関係者が行う。
3 × 消防長に定期に消防用設備等の点検報告を行うのは、物件の関係者である。
4 × 消防設備士は、点検で確認された不備事項を物件の関係者に報告する。

消法第17条の2の5及び消令第34条に関する問題である。
代表的なものとして、消火器、簡易消火用具、二酸化炭素消火設備（全域放出方式のものに関する所定の基準）、自動火災報知設備（特定防火対象物と重要文化財等に設置されるもの）、ガス漏れ火災警報設備（特定防火対象物と温泉設備のある防火対象物に設置されるもの）、漏電火災警報器、非常警報設備及び非常警報器具、避難器具、誘導灯及び誘導標識などは、従前の規定の適用が認められない。

消令第37条に関する問題である。
選択肢のなかで検定対象機械器具等に該当するのは、住宅用防災警報器である。消防用ホース、エアゾール式簡易消火具、漏電火災警報器は自主表示対象機械器具等である。
なお、消防用機械器具等の検定制度は、型式承認と型式適合検定の2段階に分かれている。
型式承認とは、検定対象機械器具等の型式に係る形状、材質、成分及び性能が、総務省令で定める技術上の規格に適合していることを、見本や書類などで確認し、承認することをいう。
型式適合検定とは、個々の検定対象機械器具等の形状等が、型式承認を受けた検定対象機械器具等の型式に係る形状等に適合しているかどうかについて行う検定をいう。

消防関係法令（法令類別）

甲種 問9　**乙種 問7**　　　　　▶▶**正解** 4

消令第21条に関する問題である。

1 × 物販店舗は、消令別表1（4）項に該当し、300m² 以上で設置が必要となる。
2 × ダンスホールは消令別表1（2）項ロに該当し、300m² 以上で設置が必要となる。
3 × 図書館は、消令別表1（8）項に該当し、500m² 以上で設置が必要となる。
4 ○ 神社は、消令別表1（11）項に該当し、1,000m² 以上で設置が必要となる。

甲種 問10　**乙種 問8**　　　　　▶▶**正解** 4

消則第23条に関する問題である。
　小学校、中学校、高等学校、大学等は特定防火対象物ではないが、幼稚園、特別支援学校は特定防火対象物であることに注意が必要である。

　　　　　　　　　　　（○×は、設置義務の有無を表す。）

1 ○ 幼稚園は、消令別表1（6）項ニに該当し、廊下には煙感知器が必要となる。
2 ○ 階段は、用途にかかわらず煙感知器が必要となる。
3 ○ 階段は、用途にかかわらず煙感知器が必要となる。
4 × 小学校は、消令別表1（7）項に該当し、廊下には煙感知器の設置を要さない。

●煙感知器の設置基準　　○：煙感知器を設置　　◎：煙感知器又は熱煙複合式感知器を設置
●：煙感知器、熱煙複合式感知器又は炎感知器を設置
※：それぞれの用途ごとに判断する

防火対象物の区分			煙感知器				
項	特定防火対象物	防火対象物の種類	無窓階地階	11階以上	廊下及び通路	階段及び傾斜路 エレベーター リネンシュート パイプダクト	個室等 カラオケボックス
(1) イ	✓	劇場、映画館、演芸場、観覧場					
(1) ロ	✓	公会堂、集会場					
(2) イ	✓	キャバレー、カフェー、ナイトクラブ等					
(2) ロ	✓	遊技場、ダンスホール	●				
(2) ハ	✓	性風俗関連特殊営業店舗等					
(2) ニ	✓	カラオケボックス等					◎
(3) イ	✓	待合、料理店等		◎			
(3) ロ	✓	飲食店					
(4)	✓	百貨店、マーケット等、展示場				○	
(5) イ	✓	旅館、ホテル、宿泊所等					
(5) ロ		寄宿舎、下宿、共同住宅					
(6) イ	✓	病院、診療所、助産所					
(6) ロ	✓	老人短期入所施設等	●				
(6) ハ	✓	老人デイサービスセンター等					
(6) ニ	✓	幼稚園、特別支援学校					
(7)		小学校、中学校、高等学校、大学等					
(8)		図書館、博物館、美術館等					

(9)	イ	✔	蒸気浴場、熱気浴場	●	◎			
	ロ		イ以外の公衆浴場					
(10)			車両の停車場、船舶・航空機の発着場					
(11)			神社、寺院、教会等					
(12)	イ		工場、作業場					
	ロ		**映画スタジオ、テレビスタジオ**		◎			
(13)	イ		自動車車庫、駐車場					
	ロ		飛行機の格納庫等			○		
(14)			**倉庫**					
(15)			前各項に該当しない事業場					
(16)	イ	✔	特定用途を含む複合用途防火対象物	●	◎		◎	
	ロ		イ以外の複合用途防火対象物	※	※			
(16の2)		✔	**地下街**	●	◎		◎	
(16の3)		✔	**準地下街**					
(17)			重要文化財等					

甲種 問11　乙種 問9　　　　　　　　　　　　　　　　▶▶正解 4

消則第 24 条に関する問題である。

1 × 音圧は 1m 離れた位置で、ベルによるものは 90dB 以上、音声によるものは 92dB 以上必要である。

2 × 地階を除く階数が 5 以上で延べ面積が 3,000m² を超える防火対象物は、区分鳴動とする。

3 × 地区音響装置は、水平距離 25m 以下となるように設ける。

4 ○ 地区音響装置は、一斉鳴動、区分鳴動を問わず、受信機間の連動が必要となる。

第4回 [筆記]

消則第 23 条に関する問題である。

1　×　差動式スポット型感知器 2 種の取付面の高さは 8m 未満にしなければ
　　　ならない。
2　×　感知器の下端は、取付面の下方 0.3m 以内としなければならない。
3　○　0.4m 以上突出したはりは、壁と同等に考え、感知区域を分けなけれ
　　　ばならない。差動式分布型感知器、煙感知器の場合は 0.6m 以上で感
　　　知区域を分ける。
4　×　炎感知器以外のスポット型感知器の傾斜は 45 度までである。

甲種 問 13　　　　　　　　　　　　　　　　　　　▶▶正解 3

消則第 25 条等に関する問題である。
　消防機関へ通報する火災報知設備として現在使用されているものは火災通
報装置で、手動起動装置（押しボタン）を操作することによって、または、
連動している自動火災報知設備からの火災信号により自動的に、消防機関に
通報する装置である。
　なお、次の場合は、消防機関へ通報する火災報知設備を省略することがで
きる。
・防火対象物が消防機関から著しく離れているとき
・防火対象物が消防機関からの歩行距離が 500m 以下の場所にあるとき
・消防機関に常時通報することができる電話を設置したとき
　このような緩和規定があるので、電話が普及している現在では、消防機関
へ通報する火災報知設備が設置される例は少なくなっている。ただし、下記
の防火対象物は、上記の条件に当てはまる場合でも、消防機関へ通報する火
災報知設備を省略できない。
・老人短期入所施設等（面積にかかわらず、すべて）
・旅館、ホテル、宿泊所等（延べ面積 500m² 以上）
・病院、診療所、助産所（延べ面積 500m² 以上）
・老人デイサービスセンター等（延べ面積 500m² 以上）
　なお、老人短期入所施設等に設置する消防機関へ通報する火災報知設備
は、自動火災報知設備の感知器の作動と連動して自動的に起動するようにし
なければならない。

1 ○ 火災通報を最優先とする必要があるため、電話回線が使用中であった場合でも、強制的に発信可能の状態にすることができる。

2 ○ 特定火災通報装置には、特定火災通報装置である旨を表示する。

3 × 消令別表 1（5）項イは火災通報装置を省略できない。

4 ○ 消令別表 1（6）項イ 1 及び 2、（6）項ロについては自動火災報知設備の感知器作動と自動連動による通報が必要となる。

甲種 問 14　　　　　　　　　　　　　　　　　▶▶ 正解 1

消則第 23 条に関する問題である。

1 ○ 赤外線式スポット型感知器に天井高さの制限はない。

2 × 差動式分布型感知器 1 種は天井高さ 15 m 未満に設置する。

3 × イオン化式スポット型感知器 2 種は天井高さ 15 m 未満に設置する。なお、1 種は 20 m 未満に設置する。

4 × 光電式分離型感知器 2 種は天井高さ 15 m 未満に設置する。なお、1 種は 20 m 未満に設置する。

甲種 問 15　　　　　　　　　　　　　　　　　▶▶ 正解 2

消則第 23 条に関する問題である。

1 ○ 熱式のスポット型感知器は取付け面の下方 0.3 m 以内に設置する。

2 × 空気管の露出長は、1 感知区域ごとに 20 m 以上とする。

3 ○ 煙式のスポット型感知器は取付け面の下方 0.6 m 以内に設置する。

4 ○ 幅が 1.2 m 以下の場合の光軸位置は、その中心とする。

第4回

［筆記］

機械又は電気に関する基礎的知識
（電気に関する部分）

甲種 問16 乙種 問11 ▶▶正解 2

2種類の異なった金属の両端を接続した閉回路において、それぞれの接続点の温度を異なる値にすると起電力が生じることをゼーベック効果という。差動式分布型感知器（熱電対式）の動作原理である。

甲種 問17 乙種 問12 ▶▶正解 3

コンデンサを並列に接続した場合の静電容量は、各々の静電容量の和である。次の式で求めることができる。

$$2 + 3 = 5\ [\mu\mathrm{F}]$$

甲種 問18 乙種 問13 ▶▶正解 4

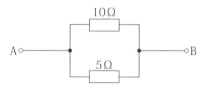

まずオームの法則を用いて、A－B間の電圧を求める。

$$V = I \times R = 1 \times 10 = 10\ [\mathrm{V}]$$

5Ωの抵抗に流れる電流は、次の式で求める。

$$I = \frac{V}{R} = \frac{10}{5} = 2\ [\mathrm{A}]$$

●オームの法則

$$V = RI\ [\mathrm{V}] \qquad I = \frac{V}{R}\ [\mathrm{A}] \qquad R = \frac{V}{I}\ [\Omega]$$

甲種 問 19 **乙種 問 14** ▶▶**正解 4**

1 × 可動コイル形は直流専用の指示計器である。
2 × 可動鉄片形は交流専用の指示計器である。
3 × 誘導形は交流専用の指示計器である。
4 ○ 電流力計形は交流、直流ともに使用できる指示計器である。

甲種 問 20 **乙種 問 15** ▶▶**正解 1**

1次側と2次側の巻数比と電流比は反比例する。その式は次のようになる。

1次側の巻数：2次側の巻数＝2次側のアンペア：1次側のアンペア
$$\downarrow$$
$$500 : 1500 = \square : 12$$
$$\downarrow$$
$$12 \times \frac{500}{1500} = 4 \ [\text{A}]$$

甲種 問 21 ▶▶**正解 3**

交流回路において負荷を容量リアクタンスとした場合、電流は電圧より位相が $\frac{1}{4}$ 周期進む。

甲種 問 22 ▶▶**正解 3**

1 × ワット秒 [W・s] は電力量の単位である。
2 × ジュール [J] はエネルギーや熱量の単位である。
3 ○ ファラド [F] は静電容量の単位である。
4 × ヘンリー [H] はインダクタンスの単位である。

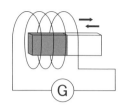

1 ○ 磁石をコイルの中で動かすと、検流計 G の指針が振れ、動かすのをやめると指針はゼロを指す。

2 ○ 磁石を動かす速度を変化させると、検流計 G の指針の振れ幅が変化する。

3 ○ 磁石を固定し、コイルを磁石に近付けたり遠ざけたりすると、検流計 G の指針が振れ、動かすのをやめると指針はゼロを指す。

4 × 磁石の出し入れに応じ、検流計の指針は逆方向に振れる。

甲種 問24　▶▶**正解 1**

ブリッジ回路として考える。

B − C 間に検流計を接続した場合の平衡条件は、向かい合った抵抗値の積が等しくなることである。設問の場合、次の式が成り立ち、平衡が成立する。

（A − B間）×（D − C間）=（A − C間）×（D − B間）

3 × 4 = 2 × 6

よって B − C 間に電位差はなく、正解は 0V となる。

●ブリッジ回路の平衡条件

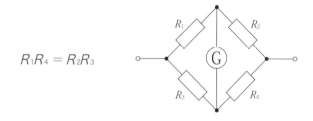

$R_1 R_4 = R_2 R_3$

甲種 問25　▶▶**正解 4**

電圧と電流の位相が $\dfrac{\pi}{2}$ [rad] ずれた場合、有効電力はゼロとなる。

消防用設備等の構造、機能及び工事又は整備の方法
（電気に関する部分）

甲種 12 問
乙種 9 問

甲種 問 26 **乙種 問 16** ▶▶ **正解 3**

1 × ホイートストンブリッジ法は、1 ～ 10⁴ Ωが測定範囲である。
2 × 電位差計は、10^2 ～ 10^5 Ωが測定範囲である。
3 ○ 絶縁抵抗計は、10^6 Ω以上の抵抗値測定に用いられる。
4 × 接地抵抗計は、接地抵抗測定用の機器である。

甲種 問 27 **乙種 問 17** ▶▶ **正解 3**

消則第 24 条に関する問題である。

◎　出火階　　　○　鳴動階

1

5F	
4F	
3F	
2F	◎ ○
1F	○
B1	○

2

5F	
4F	○
3F	◎ ○
2F	○
1F	
B1	

3

5F	
4F	
3F	
2F	○
1F	◎ ○
B1	○

4

5F	◎ ○
4F	○
3F	
2F	
1F	
B1	

1 × 正しくは 2 階と 3 階を鳴動させる。
2 × 正しくは 3 階と 4 階を鳴動させる。
3 ○ 避難階である 1 階で火災があった場合は、出火階と直上階以外に地階
　　の鳴動も必要となる。
4 × 正しくは 5 階のみを鳴動させる。

第4回

[筆記]

「アナログ式自動火災報知設備は、1つずつの感知器の周囲の温度又は煙濃度の火災信号を、共通の電路を使用して受信機又は中継器に送り、注意表示と火災表示を行う機能及びその経過を記憶する機能を有している。」

　アナログ式自動火災報知設備は個々の感知器が煙濃度や温度情報を受信機に送り、受信機はそれらの値の変化に応じて、注意表示や火災表示を行う。

1 × 接点水高試験は、差動式分布型（空気管式）感知器に対する試験である。イオン化式スポット型感知器は、加煙試験器による作動試験のほか、感度試験器による感度試験がある。

2 ○ 流通試験は、差動式分布型（空気管式）感知器に対する試験である。差動式分布型（空気管式）感知器に対する試験は、ほかに火災作動試験、作動継続試験、接点水高試験、リーク抵抗試験がある。

3 ○ 回路試験は、定温式感知線型感知器に対する試験である。専用の回路試験器にて行う。

4 ○ リーク抵抗試験は、差動式分布型（空気管式）感知器 に対する試験である。

　消則第 23 条に関する問題である。

1 ○ 送光部と受光部を結ぶ線を光軸と呼ぶ。光軸の左右 7.0m 以内が感知区域である。

2 ○ 送光部と受光部は、その背部の壁から 1m 以内の位置に設け、壁に埋め込む必要はない。

3 ○ 壁際は煙が拡散滞留しにくい場所であり、警報が遅れる可能性があるため、光軸が並行する壁から 0.6m 以上離れた位置に設ける。

4 × 天井高さの 80％以上の高さに光軸を設定する。火災によって発生する煙は、天井面から滞留する。

甲種 問 31 ・ 乙種 問 21 ▶▶ 正解 1

消則第 23 条に関する問題である。

火災により発生する熱を有効に感知するために、感知器の下端は取付面より 0.3m 以内とする必要がある。

甲種 問 32 ・ 乙種 問 22 ▶▶ 正解 3

消則第 24 条に関する問題である。

1 ○ R 型受信機には電話連絡装置が必要となるため、対応する発信機は P 型 1 級発信機である。
2 ○ 発信機の取り付け高さは 0.8 ～ 1.5m である。成人が使用しやすい高さとなっている。
3 × 誘導灯の有無と発信機の表示灯の関連はない。
4 ○ 発信機は各階ごとに、各部分からの歩行距離が 50m 以下となるよう設ける。

甲種 問 33 ・ 乙種 問 23 ▶▶ 正解 4

1 ○ 定温式スポット型感知器を交換した後は、機能確認のため、加熱試験器による作動試験を行う。
2 ○ 回路の断線を直した後は導通試験を行う。導通試験は、回路の断線を直した後に終端まで確実に導通が回復したことを確認する。
3 ○ 空気管のつぶれを直した後は流通試験を行う。流通試験は、空気管の漏れやつまりを確認する試験である。
4 × リーク孔のつまりを掃除した後はリーク抵抗試験を行う。同時作動試験は受信機に対する試験である。

甲種 問 34 ・ 乙種 問 24 ▶▶ 正解 1

1 × 紫外線式と赤外線式があるのは炎感知器である。
2 ○ 光電式分離型感知器の公称監視距離は最大 100m である。この感知器を使用した場合のみ、警戒区域の一辺の長さを 100m までとできる。
3 ○ イオン化式スポット型感知器内部にはイオン電流を発生させるためラジオアイソトープが入っている。

4 ○ 光電式スポット型感知器内部では発光素子が点滅し、その光を光電素
子が受けることで煙を感知する。

甲種 問 35 ▶▶**正解** 4

1 ○ 火災時に入口の扉を閉めずに避難した場合、煙は扉方向に流れる。扉
寄りに煙感知器を設置することにより、早いタイミングでの作動が望
める。
2 ○ 火災の煙は、空気の対流にのって広がる。対流する空気は部屋の隅に
いきにくいため、煙感知器は壁又ははりから 0.6m 以上離す。
3 ○ 天井付近に吸気口がある場合、煙感知器はその吸気口付近に取り付け
る。
4 × 3 種の煙感知器を廊下や通路に設ける場合、歩行距離 20m につき 1
個以上設けなくてはならない。30m は、1 種、2 種の場合である。

●煙感知器の設置基準（光電式分離型感知器を除く）

取付位置	・感知器は、取付面の下方 0.6m 以内に設置する。 ・壁又ははりから 0.6m 以上離れた位置に設置する。 ・天井が低い、部屋が狭い等の場合は、入り口付近に設置する。 ・天井付近に吸気口がある場合は、吸気口付近に設置する。
感知区域	壁又は 0.6m 以上のはりで区画する。
廊下・通路への設置	歩行距離 30m（3 種は 20m）につき、1 個以上設置する。ただし、階段に接続していない 10m 以下の廊下や通路、階段までの歩行距離が 10m 以下の廊下や通路には設置を省略できる。
階段・傾斜路への設置	垂直距離 15m（3 種は 10m）につき、1 個以上設置する。ただし、特定 1 階段等防火対象物の階段・傾斜路では、垂直距離 7.5m（3 種は設置不可）につき、1 個以上設置する。
たて穴区画への設置	エレベーター、パイプシャフト等のたて穴区画には、その最上部に 1 個以上設置する。
空気吹出口	空気吹出口から 1.5m 以上離して設置する。
傾斜	45 度以上傾斜させない。

甲種 問36　　　　　　　　　　　　▶▶**正解** 1

　600V 2 種ビニル絶縁電線を金属管に収め、居室に面した壁体に露出配線する方法は、耐熱配線に該当し、耐火配線としては能力不足である。選択肢2、3、4 は設問のとおりであり、耐火配線工事に該当する。

●耐火配線と耐熱配線の施工方法

耐火配線の施工方法	耐熱配線の施工方法
① 600V 2 種ビニル絶縁電線（HIV）相当の電線を使用し、電線を金属管などにいれて、**耐火構造**の主要構造部に埋設する。 ② MI ケーブル又は基準に適合する**耐火電線**を使用した**露出配線**（ケーブル工事）とする。	① 600V 2 種ビニル絶縁電線（HIV）相当の電線を使用し、電線を金属管工事などで施工する。**埋設**は不要である。 ②基準に適合する**耐熱電線**を使用した**露出配線**（ケーブル工事）とする。

　なお、自動火災報知設備の配線の一部も、熱による**断線**を防ぐため、耐火配線や耐熱配線にしなければならない。そのなかでも、非常電源から受信機、中継器までの配線は、耐熱配線ではなく耐火配線とする。

甲種 問37　　　　　　　　　　　　▶▶**正解** 3

1 × 測定器が故障する可能性は低い。
2 × 絶縁物が劣化していた場合に、感電するおそれはない。
3 ○ 電気機器を使用中のまま接地抵抗測定を行うと、測定値の誤差が大きくなる。
4 × 接地抵抗を測定する際、電気機器に影響を及ぼす可能性は低い。

第4回【筆記】

甲種 問 38　**乙種 問 25**　　　　　　　　▶▶ **正解 1**

受信機規格第 4 条に関する問題である。

1 × 受信機の音響装置には、定格電圧の 90% の電圧で音響を発することと
なっている。予備電源が設けられているものは予備電源定格電圧の
85% とする。

2 ○ 定格電圧で、8 時間の連続鳴動が必要となる。

3 ○ 充電部と非充電部の絶縁抵抗は、直流 500V の絶縁抵抗計で 5M Ω以
上の絶縁抵抗値が必要である。

4 ○ 定格電圧における音圧は、P 型 1 級 2 級の測定値は、85dB 以上である。

●自動火災報知設備受信機の機能比較

機能＼受信機の種類	R 型	P 型 1 級		P 型 2 級		P 型 3 級
		多回線	1 回線	多回線	1 回線	
回線数	無制限	無制限	1 回線	最大 5 回線	1 回線	1 回線
予備電源	○	○	○	○	△	△
火災灯（赤色）	○	○	△	△	△	△
地区表示装置（灯）	○	○	△	○	△	△
地区音響装置	○	○	○	○	△	△
主音響装置の音圧	85dB	85dB	85dB	85dB	85dB	70dB
火災表示の保持	○	○	○	○	○	△
火災表示試験装置	○	○	○	○	○	○
導通試験装置	○	○	△	×	×	×
電話連絡装置（＋応答回路）	○	○	×	×	×	×

○必要　△省略してもよい　×規格上規定がない

甲種 問39 **乙種 問26** ▶▶正解 4

感知器規格第 2 条に関する問題である。

定温式スポット型感知器とは、一局所の周囲の温度が一定の温度以上になったときに火災信号を発信するもので、外観が電線状以外のものをいう。

各感知器の作動原理は次のとおり。

●熱感知器の作動原理別の分類

差動式	スポット型	—	1種 2種	周囲の温度上昇率が一定の率以上になったとき火災信号を発するもので**一局所**の熱効果により作動するもの。
	分布型	空気管式 熱電対式 熱半導体式	1種 2種 3種	周囲の温度上昇率が一定の率以上になったとき火災信号を発するもので**広範囲**の熱効果の累積により作動するもの。
定温式	スポット型	—	特種 1種 2種	一局所の周囲の温度が一定の温度以上で火災信号を発するもので外観が**電線状以外**のもの。
	感知線型	—	特種 1種 2種	一局所の周囲の温度が一定の温度以上で火災信号を発するもので外観が**電線状**のもの。
補償式	スポット型	—	1種 2種	**差動**と**定温**の性能をあわせもち、1つの火災信号を発信するもの。
熱アナログ式	スポット型	—	—	一局所の周囲の温度が一定の範囲内になったとき火災情報信号を発信するもので外観が**電線状以外**のもの。

※このほかに、熱複合式等がある。

甲種 問40 **乙種 問27** ▶▶正解 3

感知器規格第 14 条に関する問題である。

「定温式感知器の公称作動温度は60℃以上150℃以下とし、60℃以上80℃以下のものは5℃刻み、80℃を超えるものは10℃刻みとする。」

感知器規格第 32 条に関する問題である。

P 型 1 級発信機も含め、P 型発信機の外箱は赤色であることが必要である。

感知器規格第 8 条第九号に関する問題である。

光電式スポット型感知器では、虫の侵入を防止するなどのため、目開き 1mm 以下の網を用いる。なお、スリットとは隙間を意味し、一般的には網目状になっていない。

感知器規格第 8 条第十六号に関する問題である。

無線式感知器の無線設備が火災信号を受信してから発信するまでの所要時間は 5 秒以内である。

感知器規格第 35 条に関する問題である。

屋外型発信機は零下 20 度以上 70 度以下である。

なお、屋内型発信機は、零下 10 度以上 50 度以下である。

感知器規格 32 条に関する問題である。

保護板は透明の有機ガラスを用いることとされている。

第 4 回 [実技]

鑑別等試験

甲種 問 1　乙種 問 1

正解

	記　　号
A	（エ）
B	（カ）

甲種 問 2　乙種 問 2

	名　　称
A	差動式スポット型感知器、 定温式スポット型感知器　　　等
B	光電式スポット型感知器、 イオン化式スポット型感知器　　等
C	光電式分離型感知器
D	差動式分布型感知器 （空気管式）

試験器の名称は、それぞれ以下となる。

A：　加熱試験器

B：　煙感知器感度試験器

C：　減光フィルター試験器

D：　空気管試験器

このほかに、光電式スポット型、イオン化式スポット型の試験に用いる加煙試験器、差動式分布型（熱電対式）に用いるメーターリレー試験器等がある。

▶▶ 問題　本冊 P.117 〜 P.120　95

正解

設問 1	0.3m 以内
設問 2	40℃

　定温式スポット型感知器の規格についての問題である。

　メーカーにより形状の差異はあるが、感知器下部に集熱用の金属板が露出している特徴がある。複数の穴があいた金属板に注意する。

　公称作動温度の範囲は 60 〜 150℃で、80℃までは 5℃刻み、80℃以上は 10℃刻みとなる。

　感知器取付場所の最高温度＋20℃以上高い公称作動温度のものを使用する。

甲種 問 4　乙種 問 4

正解

> 地区灯と蓄積中灯が点灯し、蓄積時間経過後に火災灯、地区灯が点灯し、その後、主音響鳴動、地区音響鳴動となる。

　感知器発報受信時のＰ型 1 級受信機の動作説明が要求されている。

　発報した場合の動作は次のようになる。

感知器信号受信

⬇

地区灯と蓄積中灯を点灯させ、内部でタイマーを起動させ蓄積を開始する。このとき主音響は鳴動していない。

⬇

受信機は作動感知器に復旧信号を送り、感知器を復旧させる。

⬇

（一定時間経過し、感知器発報を再度確認した場合）

⬇

火災灯点灯・地区灯点灯・主音響鳴動・地区音響鳴動

甲種 問5　**乙種 問5**

正解

試験	主音響・地区音響停止スイッチを停止とし、回線ごとに発信機のボタンを押す。当該警戒の地区灯の点灯を確認する。
復旧	発信機の押しボタンをもどし、受信機にて復旧スイッチを操作する。主音響・地区音響停止スイッチをもどす。

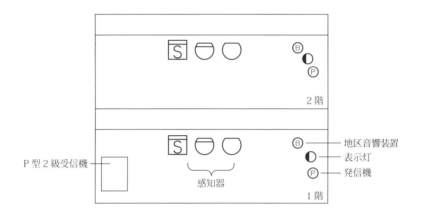

　導通試験装置をもたないP型2級受信機の導通試験方法を説明する問題である。

　P型2級受信機を用いた自動火災報知設備では、導通試験を実施するために感知器回路の送り配線、最遠端は発信機又は導通試験用押しボタンとすることが必要である。

　問題では各警戒区域ごとに発信機が設けられているため、発信機の押しボタンを押すことによって導通試験を行うと判断できる。

第4回

［実技］

製図試験

甲種 問 1

正解

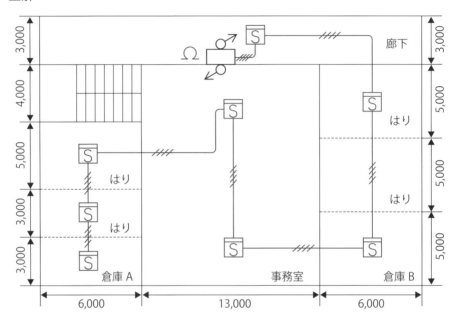

◎設計のポイント

消令別表 1（15）項、耐火、無窓階であるから、この階は煙感知器を基本として設計する。

煙感知器は天井面から 0.6m 以上突出したはりによって感知区域を分けなければならない。

倉庫 B のはりは無視できるが、倉庫 A のはりは無視できない点に注意する。

終端器は発信機に取り付け、配線は送り配線のためすべて 4 本となる。

甲種 問2

G型受信機

AC100V

正解

①	②	③	④	⑤	⑥
2	2	2	2	2	2

ガス漏れ火災警報設備の問題である。

このガス漏れ火災警報設備は常時閉路である。受信機のほか、ガス漏れ検知器に対しても電源を必要とする。

検知器は受信機に対し、常時6Vを出力している。ガス漏れを検出した場合、12Vを出力する。

受信機は検知器からの電圧を監視しており、12Vでガス漏れ警報を、0Vで故障警報を出すこととなっている。

中継器は複数の検知器を1つの回線に接続するために必要となる機器である。

▶▶ 問題 本冊 P.124～P.126 99

第4回

[実技]

消防関係法令（法令共通）

甲種8問
乙種6問

甲種 問1　**乙種 問1**　　　　　　　　　　　▶▶正解 4

消令第8条、第9条及び消令別表1に関する問題である。

1 × 防火対象物が開口部のない耐火構造の床又は壁で区画されているとき
　　は、区画された部分をそれぞれ別の防火対象物とみなして、消防用設
　　備等の設置基準を適用することができる。

2 × 建築物の構造は、複合用途防火対象物であるかどうかに関係しない。

3 × 複合用途防火対象物は、それぞれの用途部分を1つの防火対象物とみ
　　なして消防用設備等の設置基準を適用するが、下記の設備については、
　　1棟を単位として設置基準を適用する場合がある。
　　・スプリンクラー設備　・自動火災報知設備　・漏電火災警報器
　　・ガス漏れ火災警報設備　・非常警報設備　・避難器具　・誘導灯

4 ○ 複合用途防火対象物とは、同じ建物の中に、用途の異なる部分が存在
　　する防火対象物である。

甲種 問2　**乙種 問2**　　　　　　　　　　　▶▶正解 2

消法第17条の7、消令第36条の5及び6に関する問題である。

1 × 免状を交付した都道府県にかかわらず、全国で業務可能である。

2 ○ 法令違反者には、1年の欠格期間がある。

3 × 亡失後に免状の再交付を受け、かつ亡失免状を発見した場合は10日以
　　内に提出する。

4 × 免状の記載事項に変更を生じたときは、免状を交付した都道府県知事
　　又は居住地若しくは勤務地を管轄する都道府県知事にその書換えを申
　　請しなければならない。

●消防設備士の免状について

免状の交付	消防設備士試験の合格者に対し、**都道府県知事**が消防設備士の**免状**を**交付**する。
免状の書換え	免状の記載事項に変更が生じた場合、又は免状に貼られている写真が撮影から **10年**を経過した場合、免状を交付した**都道府県知事**か、居住地又は勤務地の**都道府県知事**に**書換え**を申請する。
免状の再交付	免状を亡失、破損などした場合は、その免状を交付又は書換えを行った都道府県知事に、免状の**再交付**を**申請**する。亡失によって再交付を受けた後に亡失した免状を見つけた場合は、**10日以内**に**見つけた免状**を再交付を受けた都道府県知事に**提出**しなければならない。
免状の返納	都道府県知事は、消防設備士が法令の規定に違反した場合、**免状の返納**を命ずる権利をもつ。
免状の不交付	消防設備士試験に合格した者でも、次のいずれかに該当する場合、都道府県知事より免状が交付されない場合がある。・免状の返納を命じられてから **1年**を経過していない者。・消防法令に違反して罰金以上の刑に処された者で、執行を終えた日又は執行を受けることがなくなった日から **2年**を経過していない者。

甲種 問3 **乙種 問3** ▶▶**正解3**

消法第17条の3の3、消令第36条に関する問題である。
特定防火対象物で 1,000m² 以上のものは、消防設備士又は消防設備点検資格者に点検させなければならない防火対象物の対象となる。
よって、(c) 1,000m²、(d) 1,500m²、(e) 2,000m² の3つが該当するため、3が正解である。

甲種 問4 **乙種 問4** ▶▶**正解4**

消法第17条の2の5及び消令第34条の2に関する問題である。
増築又は改築に関わる基準は、床面積の合計が 1,000m² 以上又は延べ面積の $\frac{1}{2}$ 以上と定められている。

第5回【筆記】

消法第17条の6に関する問題である。

甲種は工事及び整備を行うことができ、乙種は整備のみ行うことができる。

1 ✕ 乙種消防設備士は、指定された消防用設備等の整備しか行うことはできない。
2 ◯ 乙種消防設備士は、指定された消防用設備等の整備を行うことができる。
3 ✕ 甲種消防設備士は、指定された消防用設備等の工事及び整備を行うことができる。
4 ✕ 甲種消防設備士は、指定された消防用設備等の工事及び整備を行うことができる。

●消防設備士でなければ行ってはならない工事・整備

（◯✕は、業務の可否を表す。）

消防用設備等の種類	消防設備士資格		業務範囲	
			工　事	整　備
特殊消防用設備等	特類	甲	◯	◯
屋内消火栓設備、屋外消火栓設備、スプリンクラー設備、水噴霧消火設備等	1類	甲	◯	◯
		乙	✕	◯
泡消火設備等	2類	甲	◯	◯
		乙	✕	◯
不活性ガス消火設備、ハロゲン化物消火設備、粉末消火設備等	3類	甲	◯	◯
		乙	✕	◯
自動火災報知設備、ガス漏れ火災警報設備、消防機関へ通報する火災報知設備等	4類	甲	◯	◯
		乙	✕	◯
金属製避難はしご（固定式）、救助袋、緩降機	5類	甲	◯	◯
		乙	✕	◯
消火器	6類	乙	✕	◯
漏電火災警報器	7類	乙	✕	◯

甲種 問6 **乙種 問6** ▶▶ **正解 2**

消法第 17 条の 10、第 17 条の 13 及び消則第 33 条の 17 に関する問題である。

消防設備士は、免状更新のための講習を免状の交付以後における最初の 4 月 1 日から 2 年以内、その後は講習を受けた日以後における最初の 4 月 1 日から 5 年以内ごとに受けなくてはならない。

● 講習サイクル

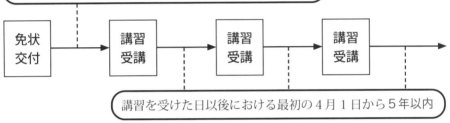

1 ○ 免状の交付を受けた都道府県にかかわらず全国で有効である。
2 × 消防設備士の免状の交付を受けた日以後における最初の 4 月 1 日から 2 年以内に、初めての講習を受けなければならない。
3 ○ 免状の亡失で資格を失うことはない。
4 ○ 消防設備士には、業務中の免状携帯義務がある。

甲種 問7 ▶▶ **正解 4**

消法第 17 条の 2 の 5 及び消令第 34 条の 2 に関する問題である。

消防用設備等の技術基準が遡及して適用される必要がある防火対象物の増築又は改築の基準となる床面積は 1,000m² である。

1 × 1,000m² 未満であるため、基準値に達していない。
2 × 1,000m² 以上のため該当するが、基準値ではない。
3 × 1,000m² 未満であるため、基準値に達していない。
4 ○ 1,000m² が基準値である。

なお、床面積の合計 1,000m² 以上、または元の延べ面積の 2 分の 1 以上の増改築を行ったときや、大規模な修繕、模様替えを行ったときは、改正後の基準に適合させなければならない。

▶▶ 問題 本冊 P.130 ～ P.131 103

第5回

［筆記］

●消防用設備等の設置基準が変更された場合

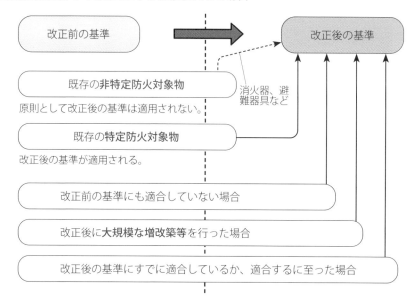

改正前の基準 ➡ 改正後の基準

既存の**非特定防火対象物**

消火器、避難器具など

原則として改正後の基準は適用されない。

既存の**特定防火対象物**

改正後の基準が適用される。

改正前の基準にも適合していない場合

改正後に**大規模な増改築等**を行った場合

改正後の基準にすでに適合しているか、適合するに至った場合

甲種 問8　　　　　　　　　　　　　　　　　　▶▶**正解3**

　消法第17条の5、第17条の14、消令第36条の2に関する問題である。
　消令では、工事が必要な設備が定められている。救助袋は着工届が必要なものに該当する。
　連結送水管、非常警報設備、誘導灯は、消防設備士の業務独占範囲外であり、着工届は必要ない。

消防関係法令（法令類別）

甲種 問9　**乙種 問7**　　　　　　　　▶▶**正解3**

消令第 21 条第 2 項に関する問題である。

「1 の警戒区域の面積は、600m² 以下とし、その一辺の長さは 50m 以下とすること。ただし、当該防火対象物の主要な出入口からその内部を見通すことができる場合にあっては、その面積を 1,000m² 以下とすることができる。」

警戒区域設定の原則は「面積 600m² 以下・一辺 50m 以下」である。例外規定として「主要な出入口からその内部を見通すことができる場合にあっては 1,000m² 以下」等がある。

●自動火災報知設備の警戒区域の定義

定　義	
警戒区域とは、火災の発生した区域をほかの区域と区別して識別することができる最小単位の区域をいう。	
原　則	例　外
防火対象物の **2 以上の階にわたらない**こと。	2 の階にわたって警戒区域の面積が **500m² 以下**の場合は、防火対象物の 2 の階にわたることができる。
1 の警戒区域の面積は **600m² 以下**とすること。	主要な出入口から内部を見通すことができる場合は、1 の警戒区域を **1,000m² 以下**とすることができる。
一辺の長さは **50m 以下**とする。	**光電式分離型感知器**を設置する場合は、**100m 以下**にすることができる。

消令第 21 条第 2 項及び消則第 23 条第 4 〜 6 項に関する問題である。

（〇×は、設置義務の有無を表す。）

1 ×　特定主要構造部を耐火構造とした建築物の天井裏には、感知器設置の必要はない。

2 〇　天井と上階の床との距離が 0.5m 未満の場合は省略できる。

3 〇　感知器の取付面の高さが 15m 以上の場所は、煙感知器・炎感知器の設置が必要となる。20m 以上で炎感知器を設ける。

4 〇　パイプダクトは物件の用途にかかわらず感知器の設置が必要である。

消令第 21 条に関する問題である。

1 ×　遊技場は、300m² 以上で自動火災報知設備が必要となる。

2 〇　スーパーマーケットは、300m² 以上で自動火災報知設備が必要となる。300m² を超えているため設置しなければならない。

3 ×　神社は、1,000m² 以上で自動火災報知設備が必要となる。

4 ×　劇場は、300m² 以上で自動火災報知設備が必要となる。

消則第 23 条第 5 項に関する問題である。

廊下に煙感知器を必要とするのは、特定防火対象物と消令別表 1（15）項の防火対象物である。

1 〇　エレベーターの昇降路には物件用途にかかわらず煙感知器を設置する。

2 〇　リネンシュートやパイプダクトには物件用途にかかわらず煙感知器を設置する。

3 ×　階段や傾斜路には用途に関係なく煙感知器の設置が必要である。

4 〇　消令別表 1（7）項の小学校は廊下に煙感知器を設置しなくてもよい。

●煙感知器の設置基準　○：煙感知器を設置　◎：煙感知器又は熱煙複合式感知器を設置
　　　　　　　　　　　　●：煙感知器、熱煙複合式感知器又は炎感知器を設置
　　　　　　　　　　　　※：それぞれの用途ごとに判断する

防火対象物の区分			煙感知器				
項	特定防火対象物	防火対象物の種類	無窓階 地階	11階以上	廊下及び通路	階段及び傾斜路 エレベーター リネンシュート パイプダクト	個室等 カラオケボックス
(1)	イ ✓	**劇場、映画館、演芸場、観覧場**					
	ロ ✓	公会堂、集会場					
(2)	イ ✓	**キャバレー、カフェー、ナイトクラブ**等	●				
	ロ ✓	遊技場、ダンスホール					
	ハ ✓	性風俗関連特殊営業店舗等					
	ニ ✓	カラオケボックス等					◎
(3)	イ ✓	待合、料理店等					
	ロ ✓	**飲食店**			◎		
(4)	✓	百貨店、マーケット等、展示場				○	
(5)	イ ✓	**旅館、ホテル、宿泊所**等					
	ロ ✓	寄宿舎、下宿、共同住宅					
(6)	イ ✓	病院、診療所、助産所					
	ロ ✓	老人短期入所施設等					
	ハ ✓	老人デイサービスセンター等	●				
	ニ ✓	幼稚園、特別支援学校					
(7)		小学校、中学校、高等学校、大学等					
(8)		**図書館、博物館、美術館**等					

（表は次ページへ続く）

▶▶ 問題　本冊 P.132〜P.133　　107

第5回

［筆記］

(9)	イ	✔	蒸気浴場、熱気浴場	●	◎		
	ロ		イ以外の公衆浴場				
(10)			車両の停車場、船舶・航空機の発着場				
(11)			神社、寺院、教会等				
(12)	イ		工場、作業場				
	ロ		映画スタジオ、テレビスタジオ		◎		
(13)	イ		自動車車庫、駐車場			○	
	ロ		飛行機の格納庫等				
(14)			倉庫				
(15)			前各項に該当しない事業場				
(16)	イ	✔	特定用途を含む複合用途防火対象物	●	◎		◎
	ロ		イ以外の複合用途防火対象物	※	※		
(16の2)		✔	地下街	●	◎		◎
(16の3)		✔	準地下街				
(17)			重要文化財等				

甲種 問13　　　　　　　　　　　　　　　　　　　▶▶正解3

消令第21条の2に関する問題である。

延べ面積1,000m² の地下街は設置が必要であり、準地下街は延べ面積1,000m² の内、特定用途部分が500m² 以上で必要となる。

甲種 問14　　　　　　　　　　　　　　　　　　　▶▶正解4

消令第23条に関する問題である。

社会福祉施設における自動火災報知設備の火災信号による自動起動は、消令別表1（6）項ロに対して義務化されている。老人短期入所施設、乳児院、本問にいう障害者支援施設は（6）項ロに該当し連動が必要となるが、身体障害者福祉センターは（6）項ハであり、連動の義務はない。

甲種 問 15 ▶▶**正解 3**

消令第 23 条及び消則第 25 条第 1 項に関する問題である。

病院には必ず火災通報装置を設置しなくてはならない。病院等、就寝施設がある物件に対しての設置基準は厳しい。

●消防機関へ通報する火災報知設備の設置基準

消防法施行令別表第一による防火対象物の区分			設置基準	適用除外となる条件
↓電話の設置により適用除外とならないもの				
(6) イ	(1)	特定診療科名を有し、かつ、療養病床または一般病床を有する病院	全部	消防機関が存する建築物内にあるもの
	(2)	特定診療科名を有し、かつ、4 人以上の患者を入院させるための施設を有する診療所		
	(3)	(1) を除く病院 (2) を除く有床診療所・有床助産所		消防機関からの歩行距離が 500m 以下の場所にあるもの
	(4)	無床診療所・無床助産所	500m² 以上	
(6) ロ		老人短期入所施設等	全部	
(6) ハ		老人デイサービスセンター等	500m² 以上	
(5) イ		旅館、ホテル、宿泊所等		
↓電話の設置により適用除外となるもの((6) イ (1)(2) の用途部分を除く)				
(16 の 2)、(16 の 3) … (6) イ (1)(2) の用途部分があるもの			全部	消防機関が存する建築物内にあるもの
(16 の 2)、(16 の 3) … (6) イ (1)(2) の用途部分がないもの				消防機関からの歩行距離が 500m 以下の場所にあるもの
(1)、(2)、(4)、(6) 二、(12)、(17)			500m² 以上	
(3)、(5) ロ、(7) 〜 (11)、(13) 〜 (15)			1,000m² 以上	

※ただし、下記の条件にあてはまる場合は、設置の緩和が適用される。
・消防機関から著しく離れた場所にあるもの。
・消防機関から歩行距離が 500m 以内の場所にあるもの(特定診療科目を有し、かつ、一般病床等を有する病院、及び、特定診療科目を有し、かつ、4 人以上の入院施設を有する診療所等は除く)。
・消防機関へ常時通報することができる電話を設置したもの(上記病院・診療所等、並びに、延べ面積 500m² 以上の無床診療所、無床助産所等は除く)。

機械又は電気に関する基礎的知識
（電気に関する部分）

甲種 問 16　**乙種 問 11**　　　　　　　▶▶**正解 4**

　抵抗は長さに比例し、断面積に反比例する。直径を断面積に置き換えて考えればよい。

　直径を B 倍にすると断面積は B^2 倍になるので、電線の長さを A 倍、直径を B 倍としたとき、電線の抵抗の大きさは $\dfrac{A}{B^2}$ 倍になる。

甲種 問 17　**乙種 問 12**　　　　　　　▶▶**正解 1**

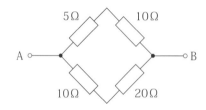

　抵抗の直列接続部分を先に計算する。

　直列接続の場合の合成抵抗は、抵抗値の和となる。
　$5\Omega + 10\Omega = 15\Omega$　　　$10\Omega + 20\Omega = 30\Omega$

　次にこの 2 つの抵抗を並列接続した場合の抵抗を求める。

　並列接続の場合の合成抵抗は抵抗値の「逆数の和の逆数」である。
$$\frac{1}{\dfrac{1}{15} + \dfrac{1}{30}} = \frac{30}{3} = 10\ [\Omega]$$

甲種 問 18 **乙種 問 13** ▶▶正解 4

2つの荷電粒子の間に働く力は電荷量の積に比例し、粒子間の距離の2乗に反比例する。

甲種 問 19 **乙種 問 14** ▶▶正解 1

「電圧計に倍率器を直列に接続する。」

電圧測定範囲を拡大するためには、倍率器としての抵抗を電圧計に直列接続する。

電流測定範囲を拡大するためには、分流器としての抵抗を電流計に並列接続する。

抵抗を**電圧計**と**直列**に接続することにより、電圧計の測定範囲を拡大することができ、その抵抗を**倍率器**という。なお、抵抗を**電流計**と**並列**に接続することにより、電流計の測定範囲を拡大することができるが、この抵抗のことは**分流器**という。

甲種 問 20 **乙種 問 15** ▶▶正解 4

電力の求め方と、オームの法則を理解していれば解くことができる。

●電力の求め方

$P = RI^2$ [W]

$P = \dfrac{V^2}{R}$ [W]

$P = VI$ [W]

●オームの法則

$V = RI$ [V]

$I = \dfrac{V}{R}$ [A]

$R = \dfrac{V}{I}$ [Ω]

第5回

[筆記]

1 ○ 磁力とは、磁石のN極とS極を近づけると引き合う力が働き、N極と
　　N極を近づけると反発力が働く力のことをいう。
2 ○ 磁極の強さの単位は、[Wb] である。
3 ○ 磁界中の導体に電流を流すと導体に働く力のことを電磁力という。
4 × 電磁誘導とは、磁束を変化させる中に導体があれば起電力を発生させ
　　る現象のことをいう。

　コンデンサを直列接続した場合の合成静電容量は、コンデンサのおのおの
の容量の、「逆数の和の逆数」である。

$$\frac{1}{\dfrac{1}{6} + \dfrac{1}{12}} = 4 \,[\mu\text{F}]となる。$$

力率 ＝ $\dfrac{抵\ 抗}{合成インピーダンス}$ で求められる。

$$\frac{3}{\sqrt{3^2 + 4^2}} = \frac{3}{\sqrt{9 + 16}} = \frac{3}{\sqrt{25}} = \frac{3}{5} = 0.6$$

●力率の求め方　　　　　●RLC回路の合成インピーダンスの求め方

$$\cos\theta = \frac{R}{Z}$$

$$Z = \sqrt{R^2 + (X_L - X_C)^2}$$

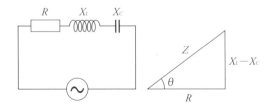

甲種 問24 ▶▶正解 2

　誘導リアクタンスや容量リアクタンスがある、つまり、コイルやコンデンサが接続されている交流回路では、一般に電流と電圧の位相差があるため、回路に流れる見かけ上の電力（皮相電力）と、実際に消費され、仕事をする電力（有効電力）の値が異なる。

　位相差が θ のとき、皮相電力 S と有効電力 P は、次のように表される。

　　$S = VI$ 　$P = VI\cos\theta$

この式を変形すると、次のようになる。

$$\cos\theta = \frac{P}{S} = 力率 = \frac{有効電力}{皮相電力}$$

この式に問題の数値を当てはめると、

$$\frac{900}{100 \times 12} = 0.75$$

パーセントに換算するには100倍すればよいので、75%である。

甲種 問25 ▶▶正解 2

　巻数比と電流は反比例する。巻数比と電圧は比例となる。

　そのため、1次巻線と2次巻線の巻数比が3：1の変圧器は、2次側の電流が3倍になる。

第5回

［筆記］

消防用設備等の構造、機能及び工事又は整備の方法
（電気に関する部分）

甲種 問 26 乙種 問 16 ▶▶正解 3

1 × リーク抵抗が大きくなった場合は非火災報の原因となる。
2 × リーク抵抗は、作動するまでの時間に大きく影響する。
3 ○ リーク抵抗が小さくなると、感度が落ち、作動が遅れる。
4 × 接点水高値はダイヤフラムの感度を示すものであるため、リーク抵抗とは関係がない。

甲種 問 27 乙種 問 17 ▶▶正解 3

消則第 23 条に関する問題である。

1 × 差動式スポット型感知器は、8m 未満に設置可能である。
2 × 補償式スポット型感知器は、8m 未満に設置可能である。
3 ○ 炎感知器のみ 20m 以上の高さに設置できる可能性がある。
4 × 光電式スポット型感知器 3 種は、4m 未満に設置可能である。感度により設置高さの制限が異なり、2 種は 15m 未満、1 種は 20m 未満に設置可能である。

甲種 問 28 乙種 問 18 ▶▶正解 1

1 × 熱電対式は差動式分布型感知器に用いられる検知方式である。ガス検知器には用いられない。
2 ○ 半導体式はガス漏れ検知方式である。
3 ○ 接触燃焼式はガス漏れ検知方式である。
4 ○ 気体熱伝導度式はガス漏れ検知方式である。

甲種 問 29   乙種 問 19 　　　　　▶▶ 正解 2

消則第 23 条に関する問題である。

1 ○ 光電式スポット型感知器は、取付面の下方 0.6m 以内に設ける。
2 × 差動式スポット型感知器は、取付面の下方 0.3m 以内に設ける。
3 ○ 定温式スポット型感知器は、45 度以上傾斜させないように設ける。
4 ○ 差動式分布型の検出部は 5 度以上傾斜させないように取り付ける。

甲種 問 30   乙種 問 20 　　　　　▶▶ 正解 4

消則第 24 条に関する問題である。

P 型 2 級受信機（1 回線）を設置できる最大面積は、350 m² である。
なお、P 型 1 級受信機の最大設置面積は 600m²、P 型 3 級受信機は
150m² である。

甲種 問 31   乙種 問 21 　　　　　▶▶ 正解 3

1 × イオン電流を検知することで作動するのは、イオン化式スポット型感
　　知器の動作原理である。
2 × 熱電対による起電力を利用するのは、差動式分布型感知器の動作原理
　　である。
3 ○ 半導体の抵抗値がガスに対して変化するのは、ガス漏れ検知器の検知
　　方式である。
4 × 感知線による感知部の変化を利用するのは、定温式感知線型感知器の
　　作動原理である。

第5回
[筆記]

消則 24 条第 1 項五号に関する問題である。

1 ○ ダンスホールやカラオケボックスのように、室内又は室外の音響が聞き取りにくい場所に設ける場合は、騒音と明らかに区別できるよう措置されなければならない。
2 × インターネットカフェや漫画喫茶において、音圧の規定はない。
3 × 地区音響装置は、水平距離 25m 以下となるように設ける。
4 × 地区音響装置は、一斉鳴動、区分鳴動を問わず、受信機間の連動が必要となる。

1 × 感知器配線の断線または終端器の脱落が原因である。
2 × 断線部分より受信機側に接続している感知器は作動する。
3 ○ 断線箇所が発信機より終端器側であると予想される。
4 × 火災表示試験と感知器配線の断線に関係はない。正常に動作する。

　Ｐ型 1 級受信機の共通線試験の実施にあたって行う試験は、導通試験である。共通線における導通試験は、受信機の接続端子から共通線の 1 線を外したうえで、導通試験装置を用い断線した回線の数を確認する試験である。

消則第 25 条の 2 に関する問題である。

1 × 非常電話の有無にかかわらず、Ｐ型 1 級発信機の設置が必要となる。
2 ○ 受信機を経由し、遠隔起動させることが必要となる。
3 × 押しボタンの位置は、床面からの高さ 0.8m 〜 1.5m の範囲に設置しなければならない。
4 × 各階ごとに、階の各部分から一の発信機までの歩行距離は 50m 以下としなければならない。

● P 型受信機と R 型受信機の違い

P 型受信機	R 型受信機
火災信号若しくは**火災表示信号**を共通の信号として又は**設備作動信号**を共通若しくは固有の信号として受信し、火災の発生を防火対象物の関係者に報知するもの。	**火災信号**、**火災表示信号**若しくは**火災情報信号**を固有の信号として又は**設備作動信号**を共通若しくは固有の信号として受信し、火災の発生を防火対象物の関係者に報知するもの。

甲種 問 36 ▶▶ 正解 4

規格上、導通試験装置を持たなくともよい P 型 2 級受信機は、感知器配線の最遠端に P 型 2 級発信機または押しボタンスイッチを設け、それを押すことにより、感知器回路の導通を確認する。

甲種 問 37 ▶▶ 正解 3

消則第 24 条の 2 の 3 に関する問題である。検知対象ガスの空気に対する比重が 1 を超えるガスの場合、燃焼器から水平距離 4m 以内に検知器を設ける必要がある。

1 ○ 検知対象ガスの空気に対する比重が 1 未満の場合は、燃焼器等から水平距離 8m 以内に検知器を設置しなければならない。

2 ○ 検知対象ガスの空気に対する比重が 1 未満の場合は、天井面から 0.6m 以上突出したはりがある場合、はりより燃焼器側の天井に検知器を設置しなければならない。

3 × 検知対象ガスの空気に対する比重が 1 を超える場合は、燃焼器から水平距離 4m 以内の壁面に検知器を設置しなければならない。

4 ○ 検知対象ガスの空気に対する比重が 1 を超える場合は、検知器の上端を床面の上方 0.3m 以内となるよう設置しなければならない。

第5回

[筆記]

●空気に対する比重が1未満のガスの場合の、ガス漏れ検知器設置基準

設置基準
• 検知器の下端が、天井面等の下方 **0.3m 以内**に設置する。 • 燃焼器又は貫通部（ガス管が貫通している箇所）から、水平距離 **8m 以内**に設置する。 • 天井面等に吸気口がある場合は、燃焼器又は貫通部に最も近い吸気口の付近に設置する。 • 天井面等から **0.6m 以上**突き出したはり等がある場合は、そのはり等より**内側**に設置する。

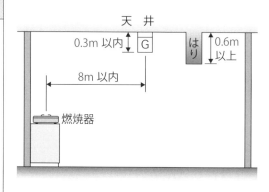

●空気に対する比重が1を超えるガスの場合の、ガス漏れ検知器設置基準

設置基準
• 検知器の上端が、床面の上方 **0.3m 以内**に設置する。 • 燃焼器又は貫通部（ガス管が貫通している箇所）から、水平距離 **4m 以内**に設置する。

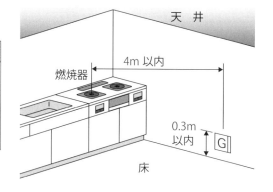

消防用設備等の構造、機能及び工事又は整備の方法
（規格に関する部分）

| 甲種8問 |
| 乙種6問 |

甲種 問 38　乙種 問 25　　　　　▶▶ 正解 2

受信機規格第2条に関する問題である。

1 × P型受信機の概要は、次の表のとおりである。
2 〇 火災情報信号を取り扱う受信機はR型とアナログ式である。
3 × M型受信機は、M型発信機からの火災信号により警報を発する。
4 × T型受信機は、規格上、存在しない。

● P型受信機とR型受信機の違い

P 型受信機	R 型受信機
火災信号若しくは火災表示信号を共通の信号として又は設備作動信号を共通若しくは固有の信号として受信し、火災の発生を防火対象物の関係者に報知するもの。	火災信号、火災表示信号若しくは火災情報信号を固有の信号として又は設備作動信号を共通若しくは固有の信号として受信し、火災の発生を防火対象物の関係者に報知するもの。

甲種 問 39　乙種 問 26　　　　　▶▶ 正解 2

受信機規格第6条の2に関する問題である。

1 〇 P型の1回線受信機は、火災灯（火災代表灯）を省略できる。
2 × P型1級受信機は、1回線であっても地区音響装置の接続が必要である。
3 〇 P型の1回線受信機は、地区表示灯を省略できる。
4 〇 G型の1回線受信機は、地区表示灯を省略できる。

第5回

[筆記]

受信機規格第 13 条の 3 に関する問題である。

1 ○ 自動試験機能等の制御機能に係る作動条件値は、設計範囲外に設定可能であってはならない。
2 × 自動試験機能等の制御機能に係る作動条件値は、容易に変更してはならない。
3 ○ 自動試験機能等の制御機能に係る作動条件値を変更できる場合は、設定値の確認が必要となる。
4 ○ 試験中など、どんな場合であっても、火災警報は常に優先する。

感知器規格第 32 条に関する問題である。

1 ○ 保護板は、必要なときに容易に押しボタンを押せるよう配慮する。
2 ○ 押しボタンは、人の火災発見を受信機に送るために用いる。
3 × 押しボタンの保護板に無機ガラスを使用することはできない。
4 ○ 外箱の色は、赤色であることが必要である。

中継器規格第 3 条に関する問題である。

（○×は、定めの有無を表す。）

1 ○ 中継器に電力を供給する回路には、ヒューズ、ブレーカー等の保護装置を設けるほか、それら保護装置が作動した旨の信号を自動的に送る機能が必要である。
2 ○ 定格電圧が 60V を超える中継器の金属製外箱には、必ず接地端子を設けなければならない。
3 ○ 配線には十分な太さの配線材料を選択する。
4 × ガス漏れ火災警報設備に使用する中継器は、予備電源をもつ必要はない。

甲種 問 43　乙種 問 30　　　　　　　　▶▶正解 3

蓄電池基準第 2 に関する問題である。

（〇×は、定めの有無を表す。）

1 〇 非常電源における蓄電池設備は、自動的に充電できること。
2 〇 非常電源における蓄電池設備は、充電電源電圧が定格電圧の±10%の範囲内で変動しても充電が可能であること。
3 × 非常電源における蓄電池設備には、過放電の防止装置についての規定はない。
4 〇 非常電源における蓄電池設備には、出力電圧又は出力電流を監視できる電圧計又は電流計を設けること。

甲種 問 44　　　　　　　　　　　　　▶▶正解 4

受信機規格第 6 条に関する問題である。

（〇×は、定めの有無を表す。）

1 〇 アナログ式受信機は、注意表示を受信したときに注意灯を点灯する。
2 〇 アナログ式受信機は、注意表示を受信したときに注意音響装置を鳴動する。
3 〇 アナログ式受信機は、注意表示を受信したときに地区表示装置を点灯する。
4 × 地区音響装置は、火災表示を受信したときに鳴動するものである。

甲種 問 45　　　　　　　　　　　　　▶▶正解 2

受信機規格第 6 条、第 8 条及び第 9 条に関する問題である。

1 〇 R型受信機は、2 回線以上の火災信号又は火災表示信号を同時受信し火災表示ができる。
2 × P型 2 級受信機の火災表示までの所要時間は 5 秒以内である。
3 〇 P型 1 級受信機及び R型受信機は電話連絡装置をもつ。
4 〇 P型及び R型の受信機で T型発信機を接続する場合は、任意の発信機を選択する機能が必要である。

第5回

［筆記］

鑑別等試験

甲種 問 1　乙種 問 1

正解

名　　　称	用　　　途
圧着ペンチ	電線を圧着接続する。

甲種 問 2　乙種 問 2

正解

A	B	C
光電式分離型感知器	煙	火災信号

甲種 問 3　乙種 問 3

正解

設問 1
紫外線式スポット型感知器

設問 2
イ

　ア、ウ、エは紫外線式スポット型感知器の設置場所として正しい。

ア○　じんあい、微粉等が多量に滞留する場所
イ×　火炎が露出するものが設けられている場所
ウ○　天井高が22mの場所
エ○　道路の用に供される部分

設問3
1.2m

　紫外線式スポット型感知器を道路の用に供する部分以外に設ける場合、監視空間は、床面から1.2mとなる。

甲種 問4　　**乙種 問4**

正解

(1)	(2)	(3)	(4)	(5)	(6)	(7)
×	◎	○	×	×	×	×

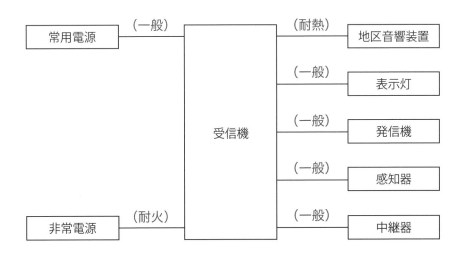

それぞれの配線に必要な耐火・耐熱性能を問う試験である。

感知器や発信機は火災を初期に発見・発報する役割を担っているが、地区音響装置は火災の発生を知らせるため、避難終了まで（可能ならば鎮火まで）鳴動を継続させたいとの意味から耐熱電線が指定されている。

発信機連動で消火栓ポンプが連動起動される場合は、受信機－表示灯間は耐熱電線としなければならない。

◎配線のポイント

- 熱に対する保護性能は、耐火＞耐熱＞一般の順となる。
- 非常電源の配線は耐火電線を用いる。
- 中継器への配線は中継器の予備電源実装の有無で異なる。
- 予備電源内蔵の場合は一般電線でよいが、ない場合は耐火電線が必要となる。
- 受信機－地区音響装置間の配線は耐熱電線が必要となる。

甲種 問5 **乙種 問5**

正解

使用するスイッチ				
イ	ロ	ニ	ヘ	ト

◎Ｐ型２級受信機の火災表示試験を行う手順

①火災試験スイッチ（ヘ）と回線選択スイッチ（ト）を操作し、火災表示動作を確認する。

↓

②主音響停止スイッチ（イ）で主音響を停止する。

↓

③地区音響停止スイッチ（ロ）で地区音響を停止する。

↓

④試験復旧スイッチ（ニ）で地区表示灯を復旧する。

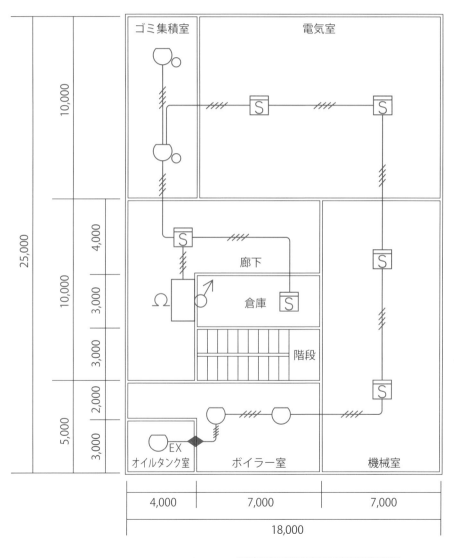

製図試験

甲種2問

甲種 問1

◎設計のポイント

消令別表 1（4）項、地階の設計であるため、光電式スポット型感知器 2 種を中心に設計する。

天井の高さが 4.1m のため、床面積 75m^2 につき 1 個となる。

光電式スポット型感知器を使用できないのは、以下の箇所である。

ゴミ集積室　　：ほこり等による誤作動防止のため、定温式スポット型を設ける。
　　　　　　　　火気を使用する部屋でないため、感度は特種を公称作動温度 60℃とする。
　　　　　　　　耐火構造であるから、床面積 35m^2 につき 1 個として設計する。

ボイラー室　　：排気等の影響による誤作動が考えられるため、定温式スポット型を設ける。
　　　　　　　　火気を使用する部屋であるため、感度は 1 種を公称作動温度 100℃とする。
　　　　　　　　耐火構造であるから、床面積 30m^2 につき 1 個として設計する。

オイルタンク室：防爆型を使用する。
　　　　　　　　防爆型感知器は、定温式スポット型 1 種 60℃のものとなる。
　　　　　　　　防爆エリアと一般エリアの境にはシーリングフィッチングを設けること。

　終端器は機器収容箱内に置くことから、各感知器にいたる配線はすべて 4 本の送り配線となる。

甲種 問 2

正解

設問 1
エレベーター

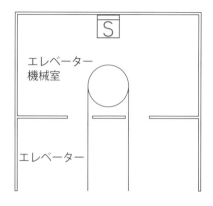

設問 2
階段等

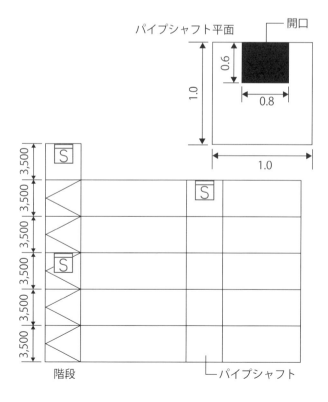

第5回
［実技］

感知器の設置に関する問題である。

設問 1、設問 2、いずれも煙感知器 2 種を設置する。

原則として、エレベーター、パイプシャフトはその最上部に煙感知器を設け、エレベーターは上部に機械室がある場合は、機械室の天井に感知器を設ける。

パイプシャフトは 1m² 以上のものは感知器を設置する。実開口が 1m² 未満でも必要となる。

階段は最上部に感知器を設けるとともに、垂直方向 15m 以内ごとに設置する必要がある。

設問 3
事務所

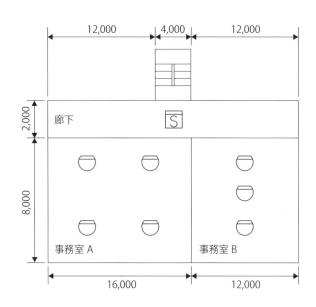

消令別表 1（15）項の 2 階で、無窓階ではないため、事務室には差動式スポット型 2 種の熱感知器を設置する。

天井の高さは 4.1m で耐火構造であるため、床面積 35m² につき 1 個を設置しなくてはならない。事務室 A には 4 個、事務室 B には 3 個必要となる。

消令別表 1（15）項の廊下には煙感知器が必要となる。2 種の場合は歩行距離 30m につき 1 個となる。

第6回 ［筆記］

消防関係法令 (法令共通)

甲種8問
乙種6問

甲種 問1 **乙種 問1** ▶▶**正解3**

消法第2条、第8条、第17条及び消令第7条に関する問題である。

防火対象物と消防対象物の違いに注意すること。防火対象物は「山林又は舟車、船きょ若しくはふ頭に繋留された船舶、建築物その他の工作物若しくはこれらに属する物をいう。」と規定されている。

1 ○ 消防対象物は「山林又は舟車、船きょ若しくはふ頭に繋留された船舶、建築物その他の工作物又は物件をいう。」と規定されている。
2 ○ 関係者が、利用者、使用者、防火管理者等に置き換えられて出題される場合もある。
3 × 消防の用に供する設備とは「消火設備、警報設備、避難設備」である。
4 ○ 複合用途防火対象物は、消令別表第1 (16) 項に定義されている。

●消防法用語

防火対象物	山林又は舟車、船きょ若しくはふ頭に繋留された船舶、建築物その他の工作物**若しくはこれらに属する物**をいう。
消防対象物	山林又は舟車、船きょ若しくはふ頭に繋留された船舶、建築物その他の工作物**又は物件**をいう。
特定防火対象物	火災発生時の被害が大きくなる用途として定義されている。消防用設備等の条件が厳しく規定されている。
関係者	防火対象物又は消防対象物の**所有者**、**管理者**又は**占有者**をいう。

第6回

［筆記］

▶▶ 問題 本冊 P.157 129

　消法第 17 条の 2 の 5、第 17 条の 3 及び消令第 34 条〜第 34 条の 4 に関する問題である。

　消防法の特例では、法令等の改正があっても従前どおりの設備のままでよいことを原則としているが、例外規定により変更される場合がある。

1 ○ 漏電火災警報器は、ほかの消防用設備等に対し軽微な設備であるため、すべての物件は法改正の内容に従う必要がある。
2 × 従前の規定に違反している場合は、変更後（現在）の基準が適用される。
3 ○ 工場・倉庫ともに特定防火対象物に該当しないため、旧用途である工場に対する技術基準を適用する。
4 ○ 図書館は特定防火対象物に該当しないため、現行の技術基準は適用されない。

● 特定防火対象物一覧（消令別表 1 より抜粋）

項		種　類
(1)	イ	**劇場、映画館、演芸場、観覧場**
	ロ	公会堂、集会場
(2)	イ	**キャバレー、カフェー、ナイトクラブ**等
	ロ	遊技場、ダンスホール
	ハ	性風俗関連特殊営業店舗等
	ニ	**カラオケボックス**等
(3)	イ	待合、料理店等
	ロ	飲食店
(4)		百貨店、マーケット等、展示場
(5)	イ	**旅館、ホテル、宿泊所**等
(6)	イ	病院、診療所、助産所
	ロ	老人短期入所施設等
	ハ	老人デイサービスセンター等
	ニ	幼稚園、特別支援学校
(9)	イ	蒸気浴場、熱気浴場
(16)	イ	**特定用途を含む複合用途防火対象物**
(16 の 2)		**地下街**
(16 の 3)		**準地下街**

甲種 問3　**乙種 問3**　　　　　　　　　　　▶▶**正解** 1

　消法第17条の3の3及び消令第36条に関する問題である。
　特定防火対象物に該当し、かつ延べ面積が 1,000m² 以上の物件の消防用設備等が資格者による点検を必要とする。

　　　　　　　　　　（○×は、資格者による点検の必要の有無を表す。）

1 ○ 「特定防火対象物かつ延べ面積 1,000m² 以上」に合致する。
2 × 特定防火対象物ではない。
3 × 特定防火対象物ではない。
4 × 特定防火対象物だが、延べ面積が 1,000m² 未満である。

甲種 問4　**乙種 問4**　　　　　　　　　　　▶▶**正解** 1

　消法第17条の4に関する問題である。
　防火対象物に対する命令は消防長、消防署長又は市町村長が出し、その命令を履行するものは関係者となる。

1 ○ 防火対象物の関係者は、消防用設備等の設置及び維持の義務をもつ。
2 × 消防設備士は、物件の関係者からの指示により工事・整備を行う。
3 × 都道府県知事が措置命令を出すことはできない。
4 × 都道府県知事が措置命令を出すことはできない。

甲種 問5　**乙種 問5**　　　　　　　　　　　▶▶**正解** 2

　消法第17条の7、消令第36条の5及び第36条の6に関する問題である。

1 ○ 書換えの申請は、交付した都道府県知事又は居住地若しくは勤務地の都道府県知事のいずれでもよい。
2 × 亡失後再交付を受けた後に亡失免状を発見した場合、10日以内に提出する必要がある。
3 ○ 再交付は、免状の交付又は書換えをした都道府県知事に申請することができる。
4 ○ 免状の返納命令を受けた場合は、ただちに返納しなければならない。

第6回

[筆記]

●消防設備士の免状について

免状の交付	消防設備士試験の合格者に対し、**都道府県知事**が消防設備士の**免状**を交付する。
免状の書換え	免状の記載事項に変更が生じた場合、又は免状に貼られている写真が撮影から **10 年**を経過した場合、免状を交付した**都道府県知事**か、居住地又は勤務地の**都道府県知事**に**書換え**を申請する。
免状の再交付	免状を亡失、破損などした場合は、その免状を交付又は書換えを行った都道府県知事に、免状の**再交付**を**申請**する。亡失によって再交付を受けた後に亡失した免状を見つけた場合は、**10 日以内**に**見つけた免状**を再交付を受けた都道府県知事に**提出**しなければならない。
免状の返納	都道府県知事は、消防設備士が法令の規定に違反した場合、**免状の返納**を命ずる権利をもつ。
免状の不交付	消防設備士試験に合格した者でも、次のいずれかに該当する場合、都道府県知事より免状が交付されない場合がある。・免状の返納を命じられてから **1 年**を経過していない者。・消防法令に違反して罰金以上の刑に処された者で、執行を終えた日又は執行を受けることがなくなった日から **2 年**を経過していない者。

甲種 問 6　**乙種 問 6**　　　　　　　　　　▶▶**正解 2**

消法第 21 条の 7 ～第 21 条の 9 に関する問題である。

1 ○ 型式適合検定とは、型式承認との同一性を確認することである。
2 × 型式適合検定を受けようとする者は、型式承認に係る試験を行った日本消防検定協会又は登録検定機関に申請する。
3 ○ 型式適合検定の合格証は、型式適合検定に合格した者だけが貼付できる。
4 ○ 型式適合検定に合格した検定対象機械器具等は、合格の表示を付さなければならない。

甲種 問7　　　　　　　　　　　　　　　　▶▶**正解** 1

消法第5条の2に関する問題である。

1 ○ 消防長又は消防署長が改修を命じ、関係者で権原をもつ者が命令を受ける。
2 × 都道府県知事は、消防に関わる命令を出すことはない。
3 × 消防設備士は、関係者からの依頼で工事や整備を受け持つ。
4 × 都道府県知事は、消防に関わる命令を出すことはない。

甲種 問8　　　　　　　　　　　　　　　　▶▶**正解** 4

消法第17条の10〜第17条の13に関する問題である。

1 ○ 消防設備士は、免状の交付以後における最初の4月1日から2年以内、その後は講習を受けた日以後における最初の4月1日から5年以内ごとに講習を受けなければならない。
2 ○ 消防設備士は、業務を誠実に行い質の向上に努める。
3 ○ 工事整備対象設備等の工事又は整備に関する講習、再講習は有料である。
4 × 免状は整備を行う場合も携帯する。業務従事に関わる例外はない。

●消防設備士の義務

業務を誠実に遂行する義務	消防設備士は、その業務を**誠実**に行い、工事整備対象設備等の質の向上に努めなければならない。
免状を携帯する義務	消防設備士は、その業務に従事する際、消防設備士免状を**携帯**しなければならない。
着工届出の義務	甲種消防設備士は、工事に着手する**10日前**までに、**着工届**を消防長又は消防署長に届け出なくてはならない。
講習を受講する義務	消防設備士は、都道府県知事が行う講習を受講しなければならない。講習は、免状の交付以後における最初の4月1日から**2年以内**、その後は講習を受けた日以後における最初の4月1日から**5年以内**ごとに受ける必要がある。

▶▶ 問題 本冊 P.159　133

第6回

[筆記]

消防関係法令（法令類別）

甲種 問9 **乙種 問7** ▶▶ **正解 3**

消令第21条に関する問題である。

1 × キャバレーは、300m² 以上で自動火災報知設備が必要となる。
2 × 飲食店は、300m² 以上で自動火災報知設備が必要となる。
3 ○ マーケットは、300m² 以上で自動火災報知設備が必要となる。
4 × 寺院は、1,000m² 以上で自動火災報知設備が必要となる。

甲種 問10 **乙種 問8** ▶▶ **正解 3**

消則第23条に関する問題である。

●取付け面の高さと設置できる感知器の種類

感知器の種類　　取付面の高さ	熱感知器						煙感知器			炎感知器
	定温式			差動式スポット型	差動式分布型	補償式スポット型				
	特種	1種	2種				1種	2種	3種	
4m 未満	○	○	○	○	○	○	○	○	○	○
4m 以上 8m 未満	○	○	—	○	○	○	○	○	—	○
8m 以上 15m 未満	—	—	—	—	○	—	○	○	—	○
15m 以上 20m 未満	—	—	—	—	—	—	○	—	—	○
20m 以上	—	—	—	—	—	—	—	—	—	○

1 ○ イオン化式スポット型感知器は、1種で20m未満まで、2種で15m
　　未満まで対応する。
2 ○ 光電式スポット型感知器は、1種で20m未満まで、2種で15m未満
　　まで対応する。

3 × 定温式スポット型感知器は、特種、1種ともに 8m 未満までの高さに制限されている。
4 ○ 差動式分布型感知器は、1種と2種ともに 15m 未満まで設置可能である。

甲種 問 11　　乙種 問 9　　　　　　　　▶▶正解 4

消令第 21 条に関する問題である。

1 ○ 警戒区域は、原則として各階ごとに分けなくてはならない。
2 ○ 小面積（合計 500m² 以下）であれば、2 階層まで同一警戒とすることができる。
3 ○ 原則として、1 警戒区域の面積は 600m² 以下とする。
4 × 一辺の長さは 50m 以下が原則であり、光電式分離型を使う場合に限り 100m 以下が可能となる。

●自動火災報知設備の警戒区域の定義

定　義	
警戒区域とは、火災の発生した区域をほかの区域と区別して識別することができる最小単位の区域をいう。	
原　則	例　外
防火対象物の 2 以上の階にわたらないこと。	2 の階にわたって警戒区域の面積が 500m² 以下の場合は、防火対象物の 2 の階にわたることができる。
1 の警戒区域の面積は 600m² 以下とすること。	主要な出入口から内部を見通すことができる場合は、1 の警戒区域を 1,000m² 以下とすることができる。
一辺の長さは 50m 以下とする。	光電式分離型感知器を設置する場合は、100m 以下にすることができる。

消則第 23 条に関する問題である。

1 ○ 熱・煙スポット型感知器は、空調設備に影響されないよう吹出口から 1.5m 以上離す。
2 ○ 熱・煙スポット型感知器は、木台等を用いて、感知器が 45 度以上傾斜しないよう、傾斜を調整する。
3 ○ 室温と定温式スポット型感知器の公称作動温度は、20℃以上の差を設ける。
4 × 光電式スポット型感知器 2 種を階段に設置する場合は、垂直距離 15m 以下ごとに設ける。特定 1 階段等防火対象物の階段は 1 種又は 2 種の煙感知器を用いて、垂直距離 7.5m 以下ごとに設ける。

消令第 21 条の 2 及び消則第 24 条の 2 の 2 に関する問題である。

1 ○ ガス漏れ火災警報設備は、各階ごとに警戒区域を設定する。
2 ○ 2 の階の警戒区域の合計面積が 500m² 以下は、2 の階にまたがる場合の例外事項である。
3 × 1 警戒区域の最大面積は、600m² である。
4 ○ 警戒区域のガス漏れ表示灯を通路の中央から見通すことのできる場合の合計面積が 1,000m² 以下は、警戒区域の最大面積に関する例外事項である。

消令第 21 条の 2 に関する問題である。

1 × 地下街は、1,000m² 以上で設置対象となる。
2 × 建物の用途にかかわらず、温泉採取設備が設けられているもの以外は、地上階に設置基準はない。
3 ○ 準地下街で 500m² 以上の特定用途が存在するため設置対象である。
4 × 特定防火対象物でない倉庫は、設置対象にはならない。

甲種 問 15　　　　　　　　　　　　　　　▶▶**正解 4**

消令第 23 条及び消則第 25 条に関する問題である。

1 ✕ 地下街は、面積に関係なく不要である。
2 ✕ 工場は、面積に関係なく不要である。
3 ✕ 飲食店は、面積に関係なく不要である。
4 ○ 宿泊所は、500m² 以上で設置が必要となる。

●消防機関へ通報する火災報知設備の設置基準

消防法施行令別表第一による防火対象物の区分			設置基準	適用除外となる条件
↓電話の設置により適用除外とならないもの				
(6) イ	(1)	特定診療科名を有し、かつ、療養病床または一般病床を有する病院	全部	消防機関が存する建築物内にあるもの
	(2)	特定診療科名を有し、かつ、4 人以上の患者を入院させるための施設を有する診療所		
	(3)	(1) を除く病院 (2) を除く有床診療所・有床助産所		消防機関からの歩行距離が 500m 以下の場所にあるもの
	(4)	無床診療所・無床助産所	500m² 以上	
(6) ロ		老人短期入所施設等	全部	
(6) ハ		老人デイサービスセンター等	500m² 以上	
(5) イ		旅館、ホテル、宿泊所等		
↓電話の設置により適用除外となるもの ((6) イ (1) (2) の用途部分を除く)				
(16 の 2)、(16 の 3) … (6) イ (1) (2) の用途部分があるもの			全部	消防機関が存する建築物内にあるもの
(16 の 2)、(16 の 3) … (6) イ (1) (2) の用途部分がないもの				消防機関からの歩行距離が 500m 以下の場所にあるもの
(1)、(2)、(4)、(6) 二、(12)、(17)			500m² 以上	
(3)、(5) ロ、(7) 〜 (11)、(13) 〜 (15)			1,000m² 以上	

※消防機関から著しく離れた場所にあるものは、すべて適用除外となる。

▶▶ 問題　本冊 P.161 〜 P.162　137

第6回

[筆記]

機械又は電気に関する基礎的知識

（電気に関する部分）

甲種 10 問
乙種 5 問

甲種 問16　乙種 問11　　　　　　　　　　▶▶正解 2

1 × ヒステリシス効果とは、磁性体に生ずる磁力は、磁束変化が磁化方向と減磁化方向でその値が異なることを指す。
2 ○ 差動式分布型感知器（熱電対式）の原理でもある。
3 × ホール効果とは、電流の流れる方向に対して垂直に磁場をかけた場合に電流と磁場それぞれに直交する方向の起電力が発生する現象のことをいう。
4 × ファラデー効果とは、磁場により偏向光の偏向面が回転する現象のことをいう。

甲種 問17　乙種 問12　　　　　　　　　　▶▶正解 2

　コンデンサを並列に接続した場合の合成静電容量は各容量の和となるため、次の式で求めることができる。

$$0.2 + 0.5 = 0.7 \ [\mu F]$$

●合成静電容量の求め方

直列回路

$$C = \cfrac{1}{\cfrac{1}{C_1} + \cfrac{1}{C_2} + \cfrac{1}{C_3}} \ [F]$$

並列回路

$$C = C_1 + C_2 + C_3 \ [F]$$

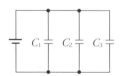

甲種 問18 **乙種 問13** ▶▶正解 3

まずRの抵抗値を求める。

電流（I）＝ 10 [A]、電池電圧（V）＝ 100 [V] から3本の抵抗の合成抵抗値 R_A は、オームの法則により、

$$R_A = \frac{E}{I} = 10 \ [\Omega] \ となる。$$

10 Ωと15Ωの抵抗を並列接続した場合の抵抗値は、逆数の和の逆数で求められる。

「逆数の和$= \dfrac{1}{10} + \dfrac{1}{15} = \dfrac{5}{30}$」「逆数の和$\left(\dfrac{5}{30} \right)$の逆数$= \dfrac{30}{5} = 6[\Omega]$」

よって、$R = 10 - 6 = 4 \ [\Omega]$ となる。

消費電力 $W = I^2 R = 10 \times 10 \times 4 = 400 \ [W]$

●オームの法則

$V = RI \ [V]$

$I = \dfrac{V}{R} \ [A]$

$R = \dfrac{V}{I} \ [\Omega]$

甲種 問19 **乙種 問14** ▶▶正解 2

1 × 錆を防止するためではなく、巻線の冷却のために油を入れる。
2 ○ 変圧器は、巻数比により昇圧、降圧双方に用いる。
3 × 変圧器の容量は [kVA] で示される。
4 × 変圧器は交流の昇圧、降圧に用いる。

甲種 問20 **乙種 問15** ▶▶正解 2

1 ○ 抵抗率は導電率の逆数で表せる。
2 × 抵抗率の単位はΩ・m である。
3 ○ 銀より銅のほうが抵抗率は高い。
4 ○ アルミニウムより金のほうが抵抗率は低い。

第6回 [筆記]

●抵抗率の違い

［導体（0℃）における抵抗率の低い順（※電気を伝えやすい順）］

甲種 問 21 ▶▶正解 1

次の式によって、合成静電容量を求めることができる。

$$\cfrac{1}{\cfrac{1}{12} + \cfrac{1}{1 + 2 + 3}} = 4 \,[\mu\mathrm{F}]$$

甲種 問 22 ▶▶正解 2

コイルに単相交流を流した場合、電流は電圧より 90°遅れる。

甲種 問 23 ▶▶正解 3

合成インピーダンスは、次の式によって求められる。

$Z = \sqrt{R^2 + (X_L - X_C)^2}$

これに、$R = 3\,\Omega$　$X_L = 0$　$X_C = 4\,\Omega$を代入して計算すると、合成インピーダンスは 5 Ωとなる。

甲種 問 24 ▶▶正解 2

一般的に、可動コイル形計器は直流回路用計器として使用される。可動コイル形計器は均等目盛を使用し、精度が高いという特徴をもつ。

甲種 問 25 ▶▶正解 3

巻数比と電圧の比は等しくなる。巻数を N、電圧を E とすると次の式が成り立ち、2 次巻数は 40 巻となる。

$$\frac{E_1}{E_2} = \frac{N_1}{N_2}$$

消防用設備等の構造、機能及び工事又は整備の方法
（電気に関する部分）

甲種 問 26 **乙種 問 16** ▶▶ **正解 1**

1 ○ 可動コイル形は均等目盛である。

2 × 数値の増加につれ、目盛が粗くなる適用計器には、可動鉄片形が該当する。

3 × 両端で目盛りの間隔が狭くなる適用計器には、力率計や位相計が該当する。

4 × 対数目盛である適用計器には、絶縁抵抗計が該当する。

● 目盛の種類

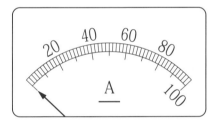

均等目盛

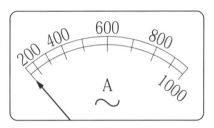

不均等目盛

種　類	特　徴	有効測定範囲	適用計器
均等目盛	零から最大目盛まで等間隔に目盛がある。	目盛の全部	可動コイル形、電流力計形（電力計）等
不均等目盛	零付近は密になり、数値が大きくなるにつれて、目盛が粗くなる。	定格値からその 25％まで	可動鉄片形、電流力計形（電圧計・電流計）等
対数目盛	普通目盛の 1/5 まで読み取ることができる。	目盛の全部	絶縁抵抗計（メガー）、オーム計

第6回

［筆記］

消則第 23 条に関する問題である。

1　× 周囲の最高温度は、公称作動温度より 20℃以上低くする必要がある。
2　○ 差動式スポット型感知器は、45 度以上傾けて設置してはならない。木台等により角度修正して設置する。
3　○ 感知器の設置は、空調の影響に配慮する必要があるので、空気の吹出口から 1.5m 以上離して設置する。
4　○ 火災によって発生した熱は天井面へ上昇し、天井面で水平に広がるため、天井より 0.3m 以内に設置する。

●熱感知器の設置基準

熱感知器／取付	差動式スポット型、定温式スポット型、補償式スポット型（熱複合式スポット型含む）	差動式分布型	定温式感知線型
取付位置	感知器の下端が、取付面の下方 0.3m 以内に設置する。	感知器は、取付面の下方 0.3m 以内に設置する。	
感知区域	壁又は 0.4m 以上のはりで区画する。	壁又は 0.6m 以上のはりで区画する。	壁又は 0.4m 以上のはりで区画する。
空気吹出口	空気吹出口から 1.5m 以上離して設置する。	―	空気吹出口から 1.5m 以上離して設置する。
傾斜	45 度以上傾斜させない。	検出部を 5 度以上傾斜させない。	―
周囲温度	定温式スポット型感知器は、公称作動温度より 20℃以上低い場所に設置する。	―	公称作動温度より 20℃以上低い場所に設置する。

甲種 問 28　乙種 問 18　▶▶ 正解 4

1 ○ 感知器の短絡で受信機は作動する。
2 ○ 受信機の故障で警報を発する可能性がある。
3 ○ 設置環境によって感知器を誤作動させる可能性がある。
4 × 終端器の断線で火災警報は生じない。当該回線の導通試験が不可能となる。

甲種 問 29　乙種 問 19　▶▶ 正解 4

1 × リーク孔は、差動特性を実現するための機構である。
2 × 感知部の熱起電力の発生により作動する感知器は、熱電対式の差動式分布型感知器に該当する。
3 × 金属の膨張係数の差の利用は、定温式スポット型の動作原理である。
4 ○ 差動式分布型（空気管式）感知器は、空気管内部の空気の膨張によりダイヤフラムが押し上げられる構造である。

甲種 問 30　乙種 問 20　▶▶ 正解 1

消則第 24 条に関する問題である。

1 ○ R 型受信機には P 型 1 級発信機が対応する。
2 × 発信機の設置高さは、0.8m 以上 1.5m 以下とする。
3 × 誘導灯は、発信機の表示灯の代替にはならない。
4 × 水平距離 50m ではなく、歩行距離 50m 以下になるよう設置する。

甲種 問 31　乙種 問 21　▶▶ 正解 3

1 × イオン電流の変化で作動する感知器は、イオン化式スポット型感知器である。
2 × 熱電対の起電力を利用する感知器は、差動式分布型感知器である。
3 ○ 半導体センサーにガスがふれた場合の抵抗値変化により、ガス漏れを検知する。
4 × 感知線による感知部の変化を利用するのは、定温式感知線型感知器の作動原理である。

第6回
[筆記]

消則第 24 条に関する問題である。

1 ○ 発信機の位置表示灯は赤色とする。
2 ○ 表示灯は、取付け面と 15 度以上の角度となる方向に沿って 10 m 離れたところから点灯していることが容易に識別できるものとする。表示灯の輝度や形状に規定はない。
3 ✕ 屋内消火栓の起動装置として兼用することに規制はない。
4 ○ 表示灯は屋内消火栓設備の位置表示灯として兼用される場合があり、ポンプの起動表示（点滅等）にも使用される。

消則第 24 条に関する問題である。

1 ○ 地区音響装置の設置位置は、発信機と異なり、水平距離で判断する。
2 ✕ 地区音響装置は一定時間経過後、自動的に一斉鳴動とする必要がある。
3 ○ 公称音圧は 1m 離れた場所で音響によるものは 90dB 以上、音声によるものは 92dB 以上とする。
4 ○ 2 台以上の受信機を設けた場合は、どちらの受信機からも鳴動できるようにする。なお、1 つの防火対象物に 2 台以上の受信機を設置する場合は、それらがある場所の間で相互に通話できるようにする。

●地区音響装置の設置基準

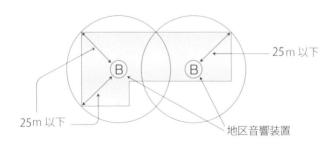

25m 以下
25m 以下
地区音響装置

甲種 問 34　乙種 問 24　　　　　　　　▶▶ 正解 2

消則第 23 条に関する問題である。
差動式スポット型は、熱感知器の種類である。

1 ○ 特定防火対象物であるが、2 階、普通階のため熱感知器でよい。
2 × カラオケボックスは設置階、普通階、無窓階にかかわらず、煙感知器を設置しなければならない。
3 ○ 非特定防火対象物の 3 階、普通階のため熱感知器でよい。
4 ○ 特定防火対象物であるが、1 階、普通階のため熱感知器でよい。

甲種 問 35　　　　　　　　　　　　　▶▶ 正解 4

消則第 23 条に関する問題である。

1 ○ 排気ガスが滞留すると考えられる場所には、煙感知器は適さない。
2 ○ 結露が発生する場所には、防水型を使用する。
3 ○ ほこりなどが発生しやすいゴミ集積所には、ほこり等が内部に侵入しない構造のものを使用する。
4 × 厨房は温度変化が激しいことが想像され、防水性能の有無だけが選択要件とはならない。防水型の定温式スポット型が適している。

甲種 問 36　　　　　　　　　　　　　▶▶ 正解 2

消則第 23 条に関する問題である。

1 ○ 差動式分布型熱電対式の熱電対部は感知区域ごとに最低 4 個以上設置することが求められる。
2 × 1 の検出部に接続する熱電対部の数は 20 以下としなければならない。
3 ○ 差動式分布型熱電対式の検出部は 5 度以上傾斜させてはならない。
4 ○ 差動式分布型熱電対式の熱電対部は取付け面の下方 0.3 m以内とする。

甲種 問 37　　　　　　　　　　　　　▶▶ 正解 1

300V 以下の低圧機械器具に用いる D 種接地工事の接地抵抗値は、100Ω以下である。

第6回

[筆記]

▶▶ 問題　本冊 P.169 〜 P.170　145

消防用設備等の構造、機能及び工事又は整備の方法
（規格に関する部分）

甲種 問 38　乙種 問 25　　　　　　　　　▶▶**正解1**

感知器規格第14条第2項に関する問題である。

感知器は、感度種別ごとに作動時間が規定されている。定温式スポット型感知器の作動時間は、室温0℃において特種は40秒、1種は120秒、2種は300秒である。

甲種 問 39　乙種 問 26　　　　　　　　　▶▶**正解2**

感知器規格第2条に関する問題である。

感知器と作動の正しい組合せは次のようになる。

●各感知器の作動

差動式分布型感知器	周囲の温度の上昇率が一定の率以上になったときに火災信号を発信するもので、**広範囲**の熱効果の累積により作動するもの。
定温式感知線型感知器	一局所の周囲の温度が一定の温度以上になったときに火災信号を発信するもので、外観が**電線状**のもの。
光電式分離型感知器	周囲の空気が一定の濃度以上の煙を含むにいたったときに火災信号を発信するもので、**広範囲**の煙の累積による光電素子の受光量の変化により作動するもの。
熱複合式スポット型感知器	**定温式**と**差動式**の機能をあわせもち、2以上の信号を発信するもの。

甲種 問 40　乙種 問 27　　　　　　　　　▶▶**正解1**

受信機規格第4条第四号に関する問題である。

電球切れのリスク低減のため1地区表示に対し、電球を2個並列に接続する必要がある。選択肢2、3、4は設問のとおり。また、LEDの信頼性は電球より高いため、1個の設置でよいとされている。

甲種 問41 乙種 問28 ▶▶正解 3

受信機規格第4条第八号に関する問題である。

P型1級受信機の予備電源は、60分監視後、2回線を10分間以上警報及び動作できる容量が必要となっている。

なお、受信機の予備電源が、自動火災報知設備の非常電源に必要な容量以上である場合は、非常電源を省略することができる。

●自動火災報知設備の電源

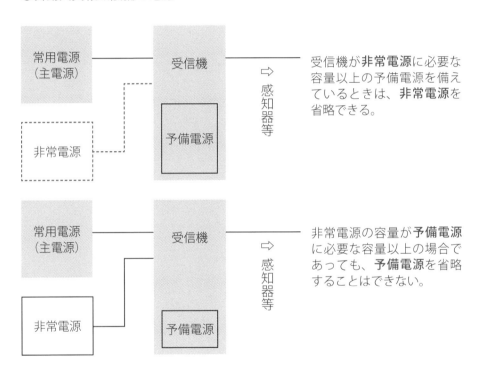

甲種 問42 乙種 問29 ▶▶正解 4

受信機規格第4条に関する問題である。

1 ○ 主音響の音圧は、1m 離れたところで 85dB 以上必要である。

2 ○ 表示灯に用いる電球は、2個以上並列に接続する。LED を用いた場合は1個でよい。

第6回【筆記】

3 ○ 主電源と予備電源の切替えには、自動切替えが必要である。
4 × 予備電源は、密閉型蓄電池と規定されている。

甲種 問 43　**乙種 問 30**　　　　　　　　　　▶▶**正解 1**

受信機規格第 6 条及び第 11 条に関する問題である。

1 × 自動火災報知設備受信機を兼ねるものは GP 型、GR 型である。
2 ○ ガス漏れ信号を受信したときは、黄色のガス漏れ灯及び主音響装置に
　　　よりガス漏れの発生を知らせる。
3 ○ ガス漏れ信号の受信開始からガス漏れ表示までの所要時間は 60 秒以
　　　内とする。
4 ○ ガス漏れ表示は自動復旧するものとしてよい。

甲種 問 44　　　　　　　　　　　　　　　▶▶**正解 4**

ガス漏れ基準第 3 に関する問題である。
ガス漏れ検知器は信号を発する濃度に接したとき、60 秒以内に信号を発
すること。選択肢 1、2、3 は設問のとおり。

甲種 問 45　　　　　　　　　　　　　　　▶▶**正解 1**

感知器規格第 41 条に関する問題である。
発信機の絶縁抵抗の測定として正しいものは、直流 500V 絶縁抵抗計の値
が 20MΩである。

第6回［実技］

鑑別等試験

| 甲種5問 |
| 乙種5問 |

甲種 問1　乙種 問1

正解

	名　称	用　途
A	ワイヤーストリッパー	電線、ケーブルなどの被覆を剥がす。
B	ラジオペンチ	電線などを、挟む、曲げる、切断する。

甲種 問2　乙種 問2

正解

設問1	光電式スポット型感知器
	イオン化式スポット型感知器

	網孔・円孔板
設問2	・虫などの内部侵入を防ぐため。
	・誤作動を防止するため。

　煙感知器の構造についての問題である。

　次の感知器は、目開き1mm以下の網、円孔板等により虫などの侵入防止のための措置を講ずる必要がある。

第6回［実技］

- イオン化式スポット型感知器の性能を有する感知器
- 光電式スポット型感知器の性能を有する感知器
- イオン化アナログ式スポット型感知器の性能を有する感知器
- 光電アナログ式スポット型感知器の性能を有する感知器

甲種 問3　乙種 問3

正解

設問 1	絶縁抵抗計（メガー）

設問 2	対数目盛

設問 3	普通目盛の $\dfrac{1}{5}$ まで読み取ることができる。

　写真の測定器は、絶縁抵抗計（メガー）である。絶縁抵抗計には対数目盛が用いられている。

●目盛の種類

種　類	特　徴	有効測定範囲	適用計器
均等目盛	零から最大目盛まで等間隔に目盛がある。	目盛の全部	可動コイル形、電流力計形（電力計）等
不均等目盛	零付近は密になり、数値が大きくなるにつれて、目盛が粗くなる。	定格値からその25%まで	可動鉄片形、電流力計形（電圧計・電流計）等
対数目盛	普通目盛の1/5まで読み取ることができる。	目盛の全部	絶縁抵抗計（メガー）、オーム計

甲種 問4　**乙種 問4**

正解

A	B	C	D	E
×	○	×	○	○

　感知器回路終端器又は発信機の設置位置を確認する問題である。

　P型1級受信機は感知器回路の導通試験装置をもつ。導通試験装置を機能させるためには、感知器回路を送り配線とし、その最遠端に終端器を1個設ける必要がある。

　P型2級受信機は導通試験装置をもたなくともよいため、最遠端に発信機を接続し、発信機の押しボタンにより導通試験を行う。

　A は短絡状態となり、受信機が発報する。
　C は終端器が2個ついているため誤りである。
　D は発信機が2個ついているが障害にはならない。

甲種 問5　**乙種 問5**

正解

設問1	同時作動試験
設問2	2回線

　受信機は規格上、常用電源においては5回線同時作動、予備電源においては2回線同時作動が要求される。

　P型1級受信機は火災信号を受信すると、その情報を保持するため火災試験スイッチにより火災情報を出力し、復旧操作をせずに回線選択スイッチにより順次作動させる。

第6回

［実技］

甲種 問 1

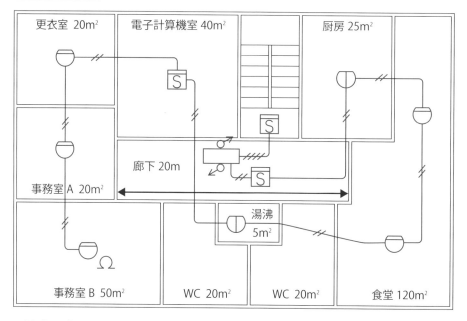

　消令別表 1（15）項、3 階、無窓階に該当しないことから差動式スポット型感知器 2 種を中心に設計する。床面積 70m² につき 1 個とする。

◎差動式スポット型感知器を使用できない部分

厨房・湯沸：防水性能が必要となるため定温式スポット型の防水型を選択する。

廊下：光電式スポット型感知器 2 種が必要である。歩行距離 30m ごとに設置。

電子計算機室：火災の早期発見を目的に光電式スポット型感知器 2 種をおく。床面積 150m² につき 1 個とする。

階段：条件から階段に光電式スポット型感知器 2 種を設置する。終端は最上階にあるため、機器収容箱－煙感知器間は送り配線となる。

甲種 問2

正解
設問1

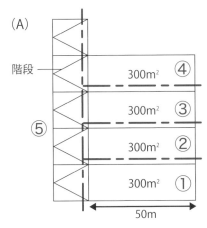

(A)

階段

300m² ④
300m² ③
300m² ②
300m² ①

⑤

50m

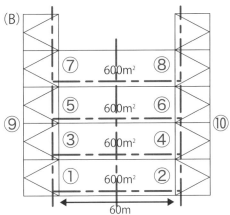

(B)

⑦ 600m² ⑧
⑤ 600m² ⑥
③ 600m² ④
① 600m² ②

⑨ ⑩

60m

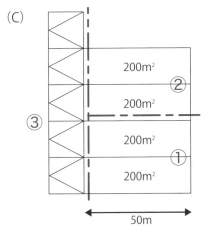

(C)

200m² ②
200m²
200m²
200m² ①

③

50m

第6回

[実技]

警戒区域の設定に関する問題である。

◎各図の警戒区域の求め方

(A) 各階の警戒面積が 300m^2 であるため、各階に 1 警戒とする。
　　各階 1 警戒×4 階＋階段 1 警戒＝ 5 警戒となる。

(B) 各階の警戒面積は 600m^2 であるが、その 1 辺が 50m を超えている
　　ため 2 警戒に分割する必要がある。
　　各階 2 警戒×4 階＋階段 2 警戒＝ 10 警戒となる。

(C) 2 階層の合計面積が 400m^2 で、1 の警戒区域の面積が 500m^2 以下
　　で防火対象物の 2 の階にわたることができる例外に該当するため、
　　警戒を同一とすることができる。
　　1・2 階で 1 警戒＋3・4 階で 1 警戒＋階段 1 警戒＝ 3 警戒となる。

設問2

(A)	P 型 2 級受信機	5 回線
(B)	P 型 1 級受信機	10 回線
(C)	P 型 2 級受信機	3 回線

　P 型 2 級受信機は、P 型 1 級受信機と比較し、いくつかの機能が免除となっており、ローコストである。ただし、最大回線数は 5 回線までに制限されている。
　受信機の選択については、5 回線までを P 型 2 級とする。

第1回　甲種［筆記］　正解一覧

解答用紙
本冊 P.14

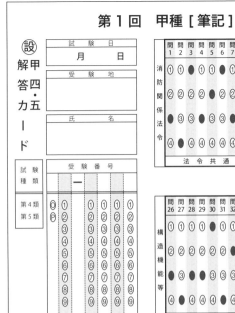

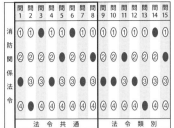

甲種［筆記］合格基準

試験科目	正解数	合格基準
消防関係法令	問	6問/15問
基礎的知識	問	4問/10問
構造・機能等	問	8問/20問
合計	問	27問/45問

※筆記試験は、各試験科目において40％以上、全体の出題数の60％以上が合格基準となります。

第1回　乙種［筆記］　正解一覧

解答用紙
本冊 P.14

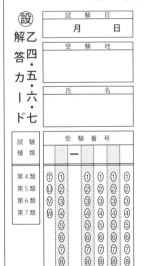

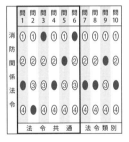

乙種［筆記］合格基準

試験科目	正解数	合格基準
消防関係法令	問	4問/10問
基礎的知識	問	2問/ 5問
構造・機能等	問	6問/15問
合計	問	18問/30問

※筆記試験は、各試験科目において40％以上、全体の出題数の60％以上が合格基準となります。

第2回　甲種［筆記］　正解一覧

解答用紙 本冊 P.42

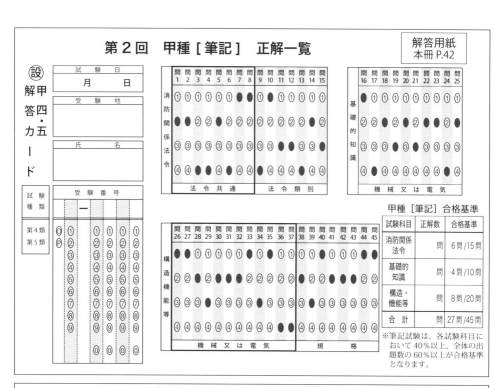

甲種［筆記］合格基準

試験科目	正解数	合格基準
消防関係法令	問	6問/15問
基礎的知識	問	4問/10問
構造・機能等	問	8問/20問
合　計	問	27問/45問

※筆記試験は、各試験科目において40%以上、全体の出題数の60%以上が合格基準となります。

第2回　乙種［筆記］　正解一覧

解答用紙 本冊 P.42

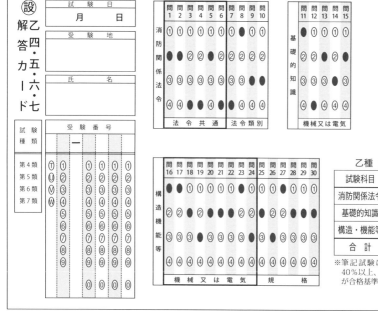

乙種［筆記］合格基準

試験科目	正解数	合格基準
消防関係法令	問	4問/10問
基礎的知識	問	2問/5問
構造・機能等	問	6問/15問
合　計	問	18問/30問

※筆記試験は、各試験科目において40%以上、全体の出題数の60%以上が合格基準となります。

第3回　甲種 [筆記]　正解一覧

| 問 1 | 問 2 | 問 3 | 問 4 | 問 5 | 問 6 | 問 7 | 問 8 | 問 9 | 問 10 | 問 11 | 問 12 | 問 13 | 問 14 | 問 15 |

消防関係法令

| 問 16 | 問 17 | 問 18 | 問 19 | 問 20 | 問 21 | 問 22 | 問 23 | 問 24 | 問 25 |

基礎的知識

法令共通　　法令類別　　　　機械又は電気

| 問 26 | 問 27 | 問 28 | 問 29 | 問 30 | 問 31 | 問 32 | 問 33 | 問 34 | 問 35 | 問 36 | 問 37 | 問 38 | 問 39 | 問 40 | 問 41 | 問 42 | 問 43 | 問 44 | 問 45 |

構造機能等

機械又は電気　　　　　規格

甲種 [筆記] 合格基準

試験科目	正解数	合格基準
消防関係法令	問	6問/15問
基礎的知識	問	4問/10問
構造・機能等	問	8問/20問
合　計	問	27問/45問

※筆記試験は、各試験科目において40％以上、全体の出題数の60％以上が合格基準となります。

第3回　乙種 [筆記]　正解一覧

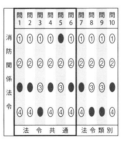

| 問 1 | 問 2 | 問 3 | 問 4 | 問 5 | 問 6 | 問 7 | 問 8 | 問 9 | 問 10 |

消防関係法令

| 問 11 | 問 12 | 問 13 | 問 14 | 問 15 |

基礎的知識

法令共通　　法令類別　　　機械又は電気

| 問 16 | 問 17 | 問 18 | 問 19 | 問 20 | 問 21 | 問 22 | 問 23 | 問 24 | 問 25 | 問 26 | 問 27 | 問 28 | 問 29 | 問 30 |

構造機能等

機械又は電気　　　規格

乙種 [筆記] 合格基準

試験科目	正解数	合格基準
消防関係法令	問	4問/10問
基礎的知識	問	2問/ 5問
構造・機能等	問	6問/15問
合　計	問	18問/30問

※筆記試験は、各試験科目において40％以上、全体の出題数の60％以上が合格基準となります。

第4回　甲種［筆記］　正解一覧

解答用紙
本冊 P.100

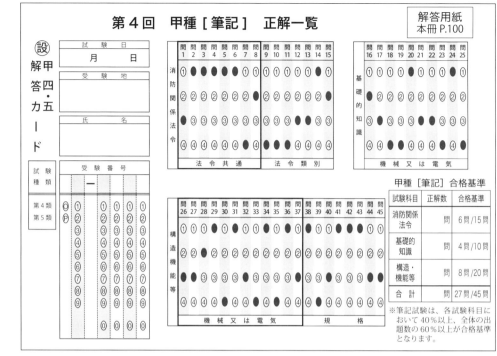

設
解甲四・五答カード

| 試験日 |
| 月　　日 |

| 受験地 |

| 氏　名 |

| 試験種類 | 受験番号 |
| 第4類 第5類 | |

甲種［筆記］合格基準

試験科目	正解数	合格基準
消防関係法令	問	6問/15問
基礎的知識	問	4問/10問
構造・機能等	問	8問/20問
合計	問	27問/45問

※筆記試験は、各試験科目において40％以上、全体の出題数の60％以上が合格基準となります。

第4回　乙種［筆記］　正解一覧

解答用紙
本冊 P.100

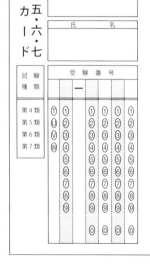

設
解乙四・五・六・七答カード

| 試験日 |
| 月　　日 |

| 受験地 |

| 氏　名 |

| 試験種類 | 受験番号 |
| 第4類 第5類 第6類 第7類 | |

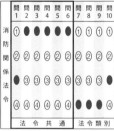

乙種［筆記］合格基準

試験科目	正解数	合格基準
消防関係法令	問	4問/10問
基礎的知識	問	2問/ 5問
構造・機能等	問	6問/15問
合計	問	18問/30問

※筆記試験は、各試験科目において40％以上、全体の出題数の60％以上が合格基準となります。

第5回　甲種 [筆記]　正解一覧

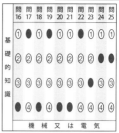

解答用紙
本冊 P.128

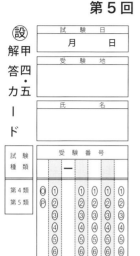

設
解
答
カ
ー
ド

甲
四
・
五

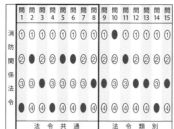

甲種 [筆記] 合格基準

試験科目	正解数	合格基準
消防関係法令	問	6問/15問
基礎的知識	問	4問/10問
構造・機能等	問	8問/20問
合　計	問	27問/45問

※筆記試験は、各試験科目において40%以上、全体の出題数の60%以上が合格基準となります。

第5回　乙種 [筆記]　正解一覧

解答用紙
本冊 P.128

設
解
答
カ
ー
ド

乙
四
・
五
・
六
・
七

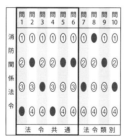

乙種 [筆記] 合格基準

試験科目	正解数	合格基準
消防関係法令	問	4問/10問
基礎的知識	問	2問/ 5問
構造・機能等	問	6問/15問
合　計	問	18問/30問

※筆記試験は、各試験科目において40%以上、全体の出題数の60%以上が合格基準となります。

第6回　甲種［筆記］　正解一覧

解答用紙
本冊 P.156

設
解答カード
甲・四・五

| 試　験　日 |
| 月　　　日 |

| 受　験　地 |

| 氏　　　名 |

| 受 験 番 号 |

消防関係法令　法令共通　法令類別
基礎的知識　機械又は電気
構造機能等　機械又は電気　規格

甲種［筆記］合格基準

試験科目	正解数	合格基準
消防関係法令	問	6問/15問
基礎的知識	問	4問/10問
構造・機能等	問	8問/20問
合　計	問	27問/45問

※筆記試験は、各試験科目において40％以上、全体の出題数の60％以上が合格基準となります。

第6回　乙種［筆記］　正解一覧

解答用紙
本冊 P.156

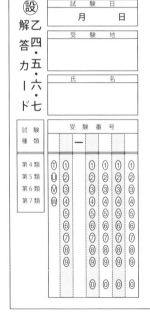

消防関係法令　法令共通　法令類別
基礎的知識　機械又は電気
構造機能等　機械又は電気　規格

乙種［筆記］合格基準

試験科目	正解数	合格基準
消防関係法令	問	4問/10問
基礎的知識	問	2問/5問
構造・機能等	問	6問/15問
合　計	問	18問/30問

※筆記試験は、各試験科目において40％以上、全体の出題数の60％以上が合格基準となります。

矢印の方向に引くと、取り外せます